思想地震

柄谷行人演讲集 1995—2015

［日］柄谷行人 著
吉琛佳 译

思想の地震
柄谷行人講演集成 1995-2015

eons
艺文志

上海文艺出版社
Shanghai Literature & Art Publishing House

目 录

地震与康德	1
作为他者的物	8
现代文学的终结	18
日本精神分析再思考	53
重新思考城市规划和乌托邦主义	66
日本人为什么不游行	78
秋幸或幸德秋水	109
帝国的边缘与亚边缘	146
"哲学的起源"与"太阳花革命"	170
山人与山姥	186
移动与批评——跨越性批判	202
关于思想地震	230
首次出版信息一览表	233
译后记	236

地震与康德

今天给我的演讲题目是"现代化进程中城市的连续性与变迁",我接下来要讲的,虽说跟这个也不无关系,却是从根本上不同的内容。因为我更想讲的其实是城市的非连续性和变迁。具体说来,就是关于地震的问题。如大家所知,今年(1995年)1月17日阪神地区发生大地震,约有6400人丧生,有几万户的房屋倒塌。我现在虽然住在东京,但我是在阪神地区出生的,年迈的母亲现在还一个人住在那里。她的房子只受到一点点损伤,而我姐姐家的房子就全毁了。但因为没有出现死者,也就没有被计入受害者。我想马上赶过去,不料地震之后铁路停运,等我到了位于尼崎的家里的时候已经是约一个星期之后了。而且因为途中电车不通,我是步行去的神户港,路上到处都能看到倒塌的房屋废墟。多到什么程度呢,一开始我还会拍一下照,后来看倒了的实在太多,只好作罢。

关于神户的灾难有很多批评,有人批判当地的城市开发一味迎合建设公司的利益,牺牲了居民的安全,也有人指出灾后的救援制度、危机管理中存在问题。在这之中也有像建筑师安藤忠雄那样的声音,主张要在城市建设中加强国家管控。地震在政治上被利用来实现首相的集权，以及引导公众舆论积极评价自卫队的作用。

然而震灾后我在各处走动时，心里想到的却是这场景像极了经历过空袭的战后光景。我小时候看到的神户基本就是一片废墟。而当时逃过轰炸留存下来的古建筑，多半也都在这场地震中倒塌了吧。经历了五十年的辛苦重建，神户又再次变成了废墟。我想自己能够理解神户人为何能在震灾中保持冷静自若：他们早已经历过了同样的事情。

我想，我们在这里谈论建筑或者是城市化，究竟意味着什么呢？于是我想起来矶崎新以前说过的话。他说他的建筑源自于废墟的形象。在神户，我对这个想法有了切实的体会。如果没有废墟的形象，我们如何能够谈论未来，又如何能够谈论建筑呢？

地震后没过多久（3月20日），发生了另一件震撼全日本的事件：一个名为奥姆真理教的邪教团体在地铁中散布沙林毒气，导致重多人员伤亡。他们预计这个世纪末会发生哈米吉多顿[1]世界最终决战，不但想为之做好准备，而且打算先下手为强，决定使用化学武器展开游击战。他们的理论不是日本的也不是印度的，而是19世纪在西方发端的神智学灵修主义（spiritualism）之末流。

地震与奥姆事件之间，自然不存在任何联系。然而我从阪神地震和奥姆事件的组合中想到的，是18世纪中叶发生在欧

---

[1] 基督教《圣经·启示录》中预言的末世末期善恶对决的最终战场。（本书脚注均为译者注，下文不再说明。）

洲的一个事件。确切地说，我想起的是1755年发生的里斯本地震，以及预言了这场地震的斯威登堡。斯威登堡既是最顶尖的科学家，同时又是一位视灵者（visionary）。从某种意义上说，他是19世纪末开始兴盛的神智学传统的先驱。不过比起斯威登堡，神智学者无论在知识水平或是视灵能力上都要低劣得多。

然而我在这里想谈的不是地震或斯威登堡，而是对他们抱有双重态度的康德。这场地震是在欧洲祭奠所有圣人的节日当天（11月1日）发生的，当时全体信徒都聚集在教会里举行礼拜仪式。因此，地震引发了人们对上帝恩宠的怀疑。不仅大众层面如此，连全欧洲的知识界，也都在字面意义上深深地为之震撼。而我感兴趣的，则是康德在当时所采取的态度。

这场地震是一次具有象征意义的事件，标志着当时为止占主导地位的莱布尼茨前定和谐式形而上学的崩溃。伏尔泰就在几年后写了《赣第德》一书来讽刺莱布尼茨的前定和谐观念。没办法，谁让本来最该得到神之恩宠的那天，却发生了大地震呢。此外，卢梭也写了文章，说这场地震是在惩罚人类对自然的忘却，是自然对文明的复仇。但是，康德却与这些人全然不同。

在1756年所写的关于里斯本地震的三篇报道中，康德强调地震没有任何宗教上的意义，完全是由自然因素所引发的。他进一步提出了地震原因的假设，并警告欧洲发生地震的可能性，提出应当加强建筑的耐震设计。当非宗教立场的人士都在推测事件包含的"意味"时，康德却完全拒绝了这样去想问题，这一点尤其值得注意。

然而同样是这位康德，却在其他地方采取了奇怪的态度。视灵者斯威登堡预言了地震的发生，这种"知识"引起了康德极大的兴趣。他不但调查了斯威登堡的奇迹能力，还直接给后者写信，甚至要求与对方见面。康德也不是真的相信视灵这一现象。在他的想法中，视灵现象是"脑疾"的一种。说白了，视灵的过程，就是把仅仅存在于脑海中的东西当成从人体外部通过感官获得的那样去接受。

然而，康德却怎么也无法否认斯威登堡的那种"知识"。通过感官来感觉灵这一超感性的存在，在很多情况下都仅仅是想象（幻觉）罢了，然而却也有无法将之当作幻觉来打发掉的情况。尤其因为斯威登堡是与"精神错乱"相距十万八千里的顶尖科学家，他作为视灵者的"预知"能力也有包括预言里斯本地震在内的众多不容置疑的证据存在。对此，康德既无法否认，同时又不能承认。

康德在两种态度之间举棋不定。他一边把"视灵者的梦"称为精神错乱，一边又不能不严肃地加以对待。同时，他又不能不自嘲这样的矛盾态度。对于自己竟认同视灵者这件事，他表示如果有读者因此而把自己看成（精神病院的）入院候补者，那也是没办法的事情。康德还说这并不仅限于"视灵者的梦"，形而上学也是一样。因为形而上学也是把没有任何经验支撑的念想当成是实际存在的东西来处理。

因此，康德写了一篇自嘲性质的论文，题为《以形而上学的梦来阐释一位视灵者的梦》。在其中他写道："然而，有什么样的愚蠢不能与一种深不可测的世俗智慧一致起来呢？"[1] 也就是说，"形而上学"也同样是一种至极的"蠢事"，一种"精神错乱"罢了。然而康德要说的却是，即便如此，我们依然无法回避"形而上学"。

直到那时为止一直热衷社交的康德，自此开始避世潜心。约十年后，他发表了《纯粹理性批判》。《纯粹理性批判》的写法不是《一位视灵者的梦》那样自我嘲讽式的。从某种意义上说，那是一部进行体系建构的著作。然而在《一位视灵者的梦》中出现的，嘲笑视灵者的同时又对之加以肯定的态度却并未消失。这在《纯粹理性批判》中化作二律背反这种形式。在《视灵者的梦》中康德写道："我一向都是仅仅从我的知性立场出发考察普遍的人类知性，而现在，我将自己置于一种他人的、外在的理性位置上，从他人的观点出发来考察我的判断以及其最隐秘的动因。两种考察的比较虽然给出了强烈的视差，但它却也是唯一的手段，来防止视觉上的欺骗，并将概念置于它们就人的物类认识能力而言所处的正确位置上。"[2] 而在《纯粹理性批判》中，他证明了命题与反题两者都能成立，并且由此暴露出两者都仅仅是"光学的欺瞒"而已。

那么，这种情况下，莱布尼茨的形而上学又该如何理解？康德在《纯粹理性批判》中如此写道："现在，时尚的口吻导致对它［形而上学］表现出一切轻视。"[3] 然而他却认为："想就

---

[1] 《一位视灵者的梦》，此处参考李秋零译《康德著作全集》第2卷，第351页。
[2] 《一位视灵者的梦》，同前，第352页。
[3] 《纯粹理性批判》，参考李秋零译《康德著作全集》第4卷，第5页。

这样的研究而言装作无所谓是徒劳的，这些研究的对象对于人类本性来说不可能是无所谓的。那些假装出来的冷淡主义者，无论他们如何想通过把学院语言变化为大众化的口吻来使自己无法辨认，只要他们在某个地方思维某物，他们就不可避免地回归到他们曾装作极为蔑视的那些形而上学主张上去。"[1]《纯粹理性批判》之后的工作都是对形而上学的"批判"。然而那不是在摧毁形而上学，而是通过彻底的审视来进行重建的尝试。

在此，我想再次强调的是，康德批判工作的契机始于一场地震。斯拉沃热·齐泽克有如下观点：笛卡尔的我思是作为中世纪"存在巨链"的裂痕的自觉而出现的，然而他却马上自己将这裂痕封闭了起来。是康德以先验论的我思的形式再次发现了这一裂痕。莱布尼茨与笛卡尔一样察觉到了裂痕，又将其（通过充足理由律）以理性主义缝合起来。而最终是休谟的怀疑主义，使得康德从莱布尼茨、沃尔夫的理性主义形而上学的迷梦中苏醒过来。这是一般的理解方式。但是，康德并未朝向休谟的方向，而不如说是向着重建形而上学的方向迈进了。着眼于此来进行回顾，那么真正使康德的形而上学发生动摇的，并不是休谟的怀疑，而应该说是地震才对。地震使莱布尼兹那里处在连续阶段上的感性和知性之间出现了决定性的"地裂"。康德则试图处理这一问题。

借用齐泽克的话来说，康德重新发现了由笛卡尔发现而又堵上的裂痕。如果可以把莱布尼茨称为"现代"，那么康德就

---

[1] 同前，第6页。

该算是"后现代"了吧。但是，所谓现代，正意味着站在这无法填补的裂痕之上。与此同时也应当说，现代同样是缝补这一裂痕的决死尝试。康德发现了裂痕，但这裂痕又旋即被浪漫派想象地填补起来了。克尔凯郭尔和马克思各自重新发现了裂痕，但它们结果还是被补上，然后再次被存在主义者发现，补上，再由结构主义者将裂痕找到，然后再度补上……可以说正是这样的变化与连续性造就了现代思想史。

到了1980年代，有关后现代以及形而上学之解构的讨论盛行于世。在建筑界也同样如此。或者不如说，后现代这个词本来就产生于建筑领域。从1991年开始的这个ANY建筑师会议，不仅主创者是倡导解构主义建筑的彼得·埃森曼，连雅克·德里达也出席了会议。自那以来，会议分别在洛杉矶、九州的汤布院、蒙特利尔和巴塞罗那举办，而这次则来到了首尔。但是到了今年，我的感觉起了微妙的变化。虽说那还仅仅只是一种预感而已。

在阪神地震中我感觉到的是，相较于解构（deconstruction）而言，破坏（destruction）才是更加根本的东西。说到底，建筑是对立于自然之破坏而存在的事物。进一步来说，我开始有一种预感，觉得比起形而上学的解构来说，我们更应该朝向一种批判性的再建构，并朝着一种体系性的建筑而努力。我再次对康德产生兴趣，也是出于这样的缘故。

作为他者的物

ANY会议自1991年于洛杉矶开始举办以来,每年都会定一个包含ANY一词的主题。会议每年都在不同国家举办,这次2000年的会议闭幕选在纽约,指定的主题是Anything。这又分成六个子主题,分别是作为抽象的物、作为对象的物、作为物质的物、作为情感的物、作为观念的物和作为着迷(obsession)的物。

我被安排了"作为观念的物"这个课题,但不知道该就此说些什么。我想要考虑的问题,可以称为"作为他者的物"。这跟给我的课题或许不一样。不过因为这次Anything goes(怎样都行)嘛,所以我决定就讲这个了。

什么是作为他者的物?这在很多方面都跟康德所说的"物自体"有关。在康德看来,我们称之为对象的东西不是物自体而是现象。我们无法知道作为其本身的物是怎么样的,因为物总是已经由主观的形式和范畴所构成了。也就是说,物自体是无法获知的。然而,物自体并没有那么面目模糊(在这个意义上,物自体与雅克·拉康所说的实在界不同),反倒是特别司空见惯的东西。

说到物自体，人们印象中总会觉得那是《纯粹理性批判》处理的问题，所以会以为它仅仅关乎事物。事实上，在《实践理性批判》中也谈到了物自体。在那里，物自体便是他者。在此让我们试着问问看自己：我们当真能够了解他者吗？我们是通过别人的身体、姿势和语言来认识他们的。但这些只是现象而非物自体。物自体是他者的主观性，抑或是他者的自由。对我们来说，他者只能是处在一种不透明的状态。这种不透明性便是他者的他者性。

康德称为物自体的，正是这种作为自由主观的他者。在《实践理性批判》中，他不是把这作为理论认识的对象，而是看作一个实践的、道德的问题。这也跟20世纪以后伯特兰·罗素提出的下述问题有联系："我们要如何才能了解他者的痛苦？"

罗素认为，我们是通过他者的外在表现、姿势和语言来知觉他者痛苦的。这让他陷入一种怀疑论，认为说到底我们无法真正了解他者。维特根斯坦则与之相对，说当有人被烧伤时，人们在自问能否确知他的痛苦之前，早就奔上前去帮助伤员了。换句话说，无论在什么情况下，他者的痛苦首先都是一个实践的（道德的）问题。因而理论性地追问我们在现实中能否了解他者的痛苦是无意义的。维特根斯坦以这样的方式继承了康德的问题意识。他没有使用康德那种说法，但却与康德一样把他者看作物自体。

然而，他者的问题并非要到第二批判《实践理性批判》里方才出现。它在第一批判《纯粹理性批判》，也即关于自然科学的认识中就已经有了。其中论及的物自体，与其说是事物，不如说是与他者相关的。卡尔·波普尔曾对康德做过如下批判：在波普尔看来，科学命题之普遍性的成立条件，在于该命题具有可证伪性，但同时不存在对该命题的反证。而康德却试图不预设他者的存在，仅仅以主观性来确定命题普遍性的基础。波普尔认为，由于康德无法做到这一点，所以才推断物自体是无法把握的，陷入了一种不可知论。

但是，康德并没有在关于科学的判断中预先排除他者。在康德看来，只要对所有个案的完全考察是不可能的，那么普遍性命题就仅仅只是对有限或特殊个案的归纳而已。因此，普遍性命题充其量只是一种假设，只是当不存在反证时的暂定真理罢了。故而康德就只是把那看作暂定的真理，也即现象。

这种真理当然是可证伪的。那么谁来证伪呢？作为对象的物是不会证伪的，而只有某个他者可以借助关于物的材料进行证伪。这就意味着，真正普遍的命题若要成立，就必须获得他者的同意，不但是现在活着的他者，还包括无法预测的未来他者的同意。这么一来，可以认为康德在第一批判（《纯粹理性批判》）中写物自体的时候，就已经意指未来的他者了。换句话说，物自体便是他者，"第一批判"与"第二批判"之间不存在什么矛盾。

在我的定义中，"他者"用维特根斯坦的话来说，就是不与我们共有语言游戏的人。其例子除了维氏经常会举的外国人之外，也可以包括精神异常者。想与这些人达成共识确实是很困难的，但却并非完全不可能。什么样的他者完全不可能与之达成共识？死者以及还没有出生的人。只要是活着的他者，无论文化差异有多大，或者精神有多么不正常，要与之达成某种共识总不会是全然不可能的。但与死者以及尚未出生者却做不到这一点。

让我们把这与环境问题联系起来思考看看。如果资本主义市场经济的现状继续下去，我们将不可避免地面临全球性的环境危机。在这种状况下，发达国家之间很难就采用的应对方案达成一致。而要在发达国家与第三世界国家之间达成关于碳减排等问题的协议，更是难上加难。因为在第三世界国家的人们看来，为什么非得牺牲自己来配合发达国家呢？明明是发达国家里人们的奢侈生活造成了危机，而且我们还一直在被迫为其买单。不过话说回来，与这样的"他者"展开交涉依然不是不可能的。然而我们却无法与还没有出生的人做交涉，即便他们将命中注定成为环境破坏的牺牲者。

根据康德的道德法则，道德律归根结底是如下的绝对命令："你的行动，要把你人格中的人性和其他人人格中的人性，在任何时候都同时用作目的，永远不能仅仅用作手段。"如果我们牺牲了未来的他者来维持自己的生活水平，那就是为达成自身目的而把他们当成了手段。从康德的想法看来，这种态度实在不能说是符合伦理的。与之相比，哈贝马斯所说的"交往理性""公共性共识"仅仅成立于活人之间，而且事实上只考虑到西方和发达国家而已。世界其他部分的人们以及未来的他者在那里都被遗漏了。本来所谓他者就是不可能达成共识的，就是物自体。

因此，物自体作为理论的对象是不可知的。但也有哲学家主张可以从美学的途径通往物自体。比如在柏格森看来，我们有可能超越语言对现实的切割，从而直观作为"绵延"的物自体。对他来说，物是形象（image），也即物自体能够在形象之中得到把握。海德格尔则基本上觉得物自体可以在艺术中得到揭示。比如他说在绘画中，有可能不把鞋子作为一种用品，而是把这样的"关切"悬置起来，把鞋子作为其本身来看待。他没有明说，但他实际上认为物自体而非现象是有可能到达的。

这倒也不是什么特别新鲜的想法，康德在第三批判（《判断力批判》）中就已这么主张过了。在他看来，艺术便在于将关切悬置起来看待事物。这种"关切"可以是各种各样的，可以是对效果的关照，也可以是知识或道德上的关切。然而，悬置这些关照之后，物自体就显现出来了吗？并非如此。我们看到的仍然只是现象罢了。借用康德的说法，我们之所以从其中看到了美与崇高，是因为主观在那里发现了"无目的的合目的性"。因此，我们不能说物自体在艺术中得到了揭示。柏格森与海德格尔不过是在要求我们采取一种审美的态度。而且不要忘了，当这在政治领域得到贯彻时，便会转化为法西斯主义，也即对实际存在的阶级对立进行美学升华。

柏格森与海德格尔主张我们对现实世界要采取审美的态度。近十年间，人们好像接受了这一要求似的，兴趣纷纷从雅克·德里达退回到海德格尔，从吉尔·德勒兹退回到柏格森。我通过历年的 ANY 会议亲眼目睹了这一转变。发生这种变化的一个原因，或许在于德里达与德勒兹在苏联解体后更明确地采取了马克思主义的立场。拒斥这一倾向的人们，便自然朝着柏格森或海德格尔退行了。

在艺术中，我们看待事物时的确会将各种关切悬置起来。然而，悬置不是艺术所独有的。当我们与世界对峙时，至少有三种判断会同时存在——关乎真伪的认识判断、关乎善恶的道德判断，以及关乎好恶的审美判断。在现实中，这些判断相互交织，难以区别。因此当我们在做审美判断时，会将真伪问题和善恶问题悬置起来。同样的，科学家在观察事物时，会暂时悬置道德与审美的判断。只有通过这种悬置，认识的对象才有可能存在。然而这不仅限于自然科学。比如马基雅维利以来的政治学，便是将政治行动的道德相位悬置起来，判断它的作用效果。而如果仅从价格的观点来审视艺术作品，那么后者就变成了经济学的对象。科学的、审美的、政治的、经济的，这些立场无一例外地是通过悬置而产生的。其结果是，同样一个事物能在各种不同的相位中呈现。然而那都不是物自体，而只是现象罢了。如果是这样，物自体在哪里才会显现出来呢？只有在将其他一切维度都悬置起来的伦理立场上，物自体才能得到呈现。因为在这时，他者被看作是自由主观。

然而并不是说，伦理立场因此便优于其他所有判断标准。这里的重要之处在于，不但要进行悬置，而且要解除悬置。比如说在科学领域中，他者就成了所谓的物（对象）。而当外科医生为患者诊疗和手术时，也会将其人格悬置，将自己审美的和性方面的关切悬置起来。为了做到这一点，需要很多的职业训练。但一旦手术做完，外科医生当然便要解除这样的悬置。

再比如，有时候电影里的主角是个黑帮或者流氓，如果我们看了之后非难他们不讲道德，那便是很可笑的。这种愚蠢，就跟批评一部科幻电影不够科学一样。在电影院里我们不会这样做，把那些旁的关切悬置起来就好了。然而一旦走出电影院，就务必要解除这种悬置。总之，人们在进行悬置的同时，还得学会解除悬置。

在建筑问题上也是相同的。跟电影一样，建筑也存在于各种不同的相位中。从历史的观点来说，建筑的目的首先在于作为遮蔽所（shelter）从自然环境中庇护人类，为他们提供居所。其次，建筑也是夸示宗教、政治权力的纪念物（monument）。自古以来，建筑便存在于这两极之间。然而到了现代，出现了将建筑当作艺术来看待的新视角。这样的看法只有通过悬置其他的关切——即实践的和政治的关切——才可能成立。这一点没有什么问题，我承认建筑确实有自己的相位，有属于自己的语言。然而，我们必须随时都能够取消这样的悬置才行。

建筑史本质上说是以宗教、政治性纪念建筑为中心而形成的。然而现在人们将这一事实悬置起来，把那单纯作为建筑史来谈论。在这样的语境中，建筑可以看成过去的文本，可以是解构性的东西，也可以是虚拟的东西；但是这样的视角却忽视了以下两个问题。第一点在于，建筑不能不作为遮蔽所，从自然环境中庇护人类，为其提供可以居住的场所。第二，现实中存在的绝大多数建筑都被实用性、经济或政治的种种关切左右。说白了，建筑只是资本主义土建行业的一环罢了。无论一位建筑师多么有艺术性，也无法与这样的基本条件摆脱干系。

关于这两点，我想起了以前在 ANY 会议上发生的两件事。第一件发生在神户大地震后首尔举办的 Anywise 会议上。当时除了矶崎新和我，没有其他与会者谈到这场地震。我感觉到，相比什么解构的观念，这场地震所导致的破坏才对建筑提出了远为根本性的问题——也就是说建筑作为一种建构物，首先一定是起到保护作用、抵御自然环境的存在。那么这场地震是否让物自体得到了揭示？正是如此。但是这并不是说，地震揭示了拉康说的那种实在界，抑或是浅田彰说的"物怪"（ものけ）。此处的物自体指的是那六千名地震死难者。他们是沉默无言的。诚然当时出席会议的大多数建筑师都没有直接参与神户的城市开发，对灾害没有责任。然而如果一位建筑师没能真心实意地对待这个问题，那么想必他今后也无法对重大问题有所回应。

我想起的第二件事，是在蒙特利尔的 Anyplace 会议上进行的关于"建筑与政治"的讨论。当时给我留下的印象是，大家用"政治"一词所指称的内容实在是抽象过了头，以至于讨论沦为一种建筑界圈内的语言游戏。这次会议举办之前没多久，Anyone 社团法人的主要赞助商清水建设的一位董事刚刚遭到逮捕。但是提到这件事情的只有我一个人。在日本，建筑行业构成政治保守派的支持基础，且与黑道势力多有来往，长期暗中保持联系。包括矶崎新在内的日本建筑师们，即便只是间接地被绑定在这一勾结关系的网眼上，也不可能自我标榜为清白无瑕的旁观者。当然不仅日本是这样。通过大卫·哈维的近著《希望的空间》，我们注意到了在全球化进程中，发达国家的建筑行业在第三世界如何兴风作浪，生产活动与权力结构的勾连又怎样受到他们的支持和影响。我们不能不正视这些情况。ANY 会议于世界各地举办，却始终对这些问题不闻不问。

长期以来，人们一直把 ANY 视为建筑师与哲学家进行交流的平台。然而我既不觉得自己是哲学家，也没有兴趣去理论性地探讨建筑。过去十年间，我除了有两次缺席之外，参加了其余所有的 ANY 会议。像我这样既不是哲学家又不关心建筑的人，在这些会议里到底算是个什么样的存在呢？其实我就是作为他者的物自体。也就是说，我既不跟其他与会者共享一套语言，也没有试图去这么做。我拒绝共享那套语言。结果我自己就被拒绝了。在 ANY 会议上我不是现象，而正是物自体。实际上很多人可能根本都没有注意到我的存在。或许会议的主办方就是希望我能发挥这种功能也说不定。但对我自己而言，这样的处境并不怎么好受。现在我终于可以卸下这个角色了，感觉松了一口气。

ANY 的第一次会议 Anyone 举办于 1991 年。那时苏维埃联邦解体了，而与此同时，后现代主义直到那时为止所具有的激进性也便瓦解了。从此，再要站在后现代主义立场上，反讽地称颂资本主义经济具有的解构性力量，就已经没有效果了。近十年来，这个局面已经越来越清楚了。在这期间，确切说是近几年来，我自己的主张发生了根本性的转变。现在我认为，我们必须采取一种积极的立场，与资本和国家的运动展开积极的抗争。

我在 ANY 的帮助下出版了《作为隐喻的建筑》一书的英文版。然而这本书是我在 1970 年代到 1980 年代的工作，并不能反映我现在的思考。等《跨越性批判——康德与马克思》的英文版发行了，我近期的想法便能公之于世。如标题所示，这不是一本关于建筑的书。但宽泛地说来，这本书或许提示了建筑在未来理应采取的方向。另外该书也是过去十年间同各位 ANY 与会者交流的产物。对此我想表达深深的谢意。

现代文学的终结

1

今天要讲的内容是"现代文学的终结"。这个题目的意思,不是要说现代文学之后会有比如"后现代文学"之类的东西出现,也不是说文学已经完全衰亡了。我想说的是,文学在现代被赋予了一种特殊的意义,并因此具有特殊的重要性和价值,然而时至今日,这一状况已经不复存在了。这可不是什么我要高声宣扬的主张,而是一件再明白不过的事实。现在的确已经没什么人还觉得文学很重要了,所以这件事根本不需要我特地去宣扬。我们反倒有必要谈一谈从前有那么个时代,文学有着无比重大的意义。

长久以来,我自己一直对文学有着深深的执着。不过,我没有打算提议你们也去搞文学,根本没这个必要。然而,为什么在那个时代里,人们会觉得文学是永恒的?而这一情况的消逝又意味着什么呢?我觉得有必要好好想想这几个问题。因为,这些问题关乎我们所处的究竟是怎样的时代。

在谈现代文学的时候,我想的其实是小说的问题。现代文学当然不仅限于小说，但现代文学的特征便在于小说占据重要地位。现代以前也有"文学"，且受到统治阶级与知识阶层的重视，然而小说并不包括在内。欧洲自亚里士多德以来的"诗学"（poetics）传统包括戏剧，却不包括小说。[日语的]"文学"一词指的是汉文与古典作品，而不包括故事、野史一类内容。小说是"novel"的译词，原是从《论语》的"小人[难事而]易说也"那里来的，作为"novel"的译词确实合适，但原本不是什么好词。到明治二〇年代，小说才开始获得人们的关注。因此所谓现代文学得到重视，其实就是指人们开始关注小说，并写起那样的小说来了。

所以，说现代文学已经终结，意思是指小说或小说家有着重要地位的时代结束了。关于这个问题，我想从一位小说家开始谈起，此人便是萨特。我这样讲可能有人会不同意。诚然，萨特既是哲学家，又是剧作家、小说家、涉猎艺术各领域的评论家、媒体人和社会活动家。但是在我看来，他从根本上讲是一位小说家。

之前我读了一本德勒兹作品集（英译本），里面收录了他的一些评论、访谈和对谈。德勒兹在书中提到，他把萨特看成自己唯一的老师。德勒兹把"私人的老师"和"公共的老师"区别开来，认为对他来说"私人的老师"只有萨特一人。这正说明萨特是一位"小说家"。他并不是那种在大学里讲课的哲学家。他的哲学骨子里是一种文学，或者更应该说是接近于小说的东西。

德勒兹引用了萨特的话："所谓文学，一言以蔽之，就是一个处于不断革命中的社会的主体性（主观性）。"这就是说，当革命政治渐趋保守，文学才是担当起不断革命之任务的东西。要注意，萨特所标举的不是"哲学"而是"文学"。萨特不只写小说，其他事也是一个不漏地做了个遍。然而使得这一切成为可能的，正是这种小说或小说家的视角。

在法国，萨特的影响实在过于巨大，令其后学深感困扰。很多人为了给自己赢得独立地位，往往故意对萨特横加批判和嘲讽。但是就像德勒兹坦率承认的那样，其实大家都是特别敬仰他的。而且那些针对萨特的批判，其实都是萨特早已涉及的东西。比如德里达批判了"在场的哲学"，但萨特关于"想象力"的探讨谈的正是这个问题。另外像"反小说"也是萨特一直给予积极评价的东西，他写的《呕吐》就是最早的反小说作品。

1960年代以后，"书写"（écriture）这一概念开始普及，它指的是既非小说，又非哲学的那类作品。但说实在的，我认为那些人是因为自己不能像萨特那样写小说，于是就对其加以否定，然后把萨特有关"文学"的观点替换成书写这个概念。书写概念意味着作为现代文学的小说（也包括反小说）已告终结。所以说如果还期待从中会产生出什么文学的全新可能性，那不过是一种错觉罢了。

从我个人在日本从事文学批评的体会来看，现代文学是在1980年代终结的，也就是那个被冠以泡沫经济、消费社会和后现代名号的时代。那个时期的许多年轻人爱读"现代思想"胜过小说。也就是说，文学已经不再像以往那样先进了。在这种意义上，以前萨特说成是"文学"的东西，现在成了文学批评性质的"书写"。然而这种情况也没有持续太久。我现在说"现代文学的终结"的时候，终结的东西也包括以批判现代文学的形式出现的"书写"以及解构性的批评和哲学。这一情况到了1990年代开始变得明显，在日本，那恰好是中上健次逝世之后的事。

2

文学的地位和影响力的式微，到底是怎么一回事呢？这一点我之后再谈。我首先想要说明一下这并非日本独有的现象。刚才说了法国的情况，其实在美利坚合众国，现代文学衰落得还要更早。因为以电视为中心的大众文化最早是在那里发展起来的，时间是1950年代。当然了，美国有众多族群，少数族裔文学也是在那个时代兴起的。1970年代以后，黑人女作家、亚裔女作家也纷纷崭露头角。他们虽然在文学上极富活力，但那已经不是能够影响到社会整体的东西了。这与日本1980年代中上健次、李良枝、津岛佑子等人的活跃是相似的情况。

这种变化在美国发生得更早。有一个证据可以拿来说明，就是最近日本越来越多的大学开始设立"创作专业"，不少作家去那里担任教授，而这在美国是从1950年代开始的。福克纳以前说如果想当作家的话就去开个妓院，现在今非昔比了，作家开始从大学的创作课程里出来了。然而今天美国的文学院里冷冷清清，甚至到了不同时做电影研究就开不下去的程度。

当然日本也一样，文学部正在逐渐消失。

但是，真正使我切身感受到现代文学终结的事情，是文学的影响力在韩国的急剧衰落。这对我来说是很大的冲击。1990年代里，我经常参加日韩作家会议，与韩国的文学界有很多交流的机会。那时会觉得就算日本的情况如此，想来在韩国不会变成那样。我在2000年去首尔时接受了记者采访。当时我说，文学在日本已经死了。虽然从商品的角度来看，出现了像村上春树这样全球流行的作家，然而文学在日本已经不再担负过去那种角色和意义了。后来我听说这篇采访好像引发了讨论，似乎人们读了都觉得这不是与自己无关的事。毕竟韩国的年轻人也开始读村上春树了。那时候还被问及如何看待韩国文学的去向，我说，文学在韩国应该会继续扮演重要的角色。如同政治运动还存在着，文学也一样会存在下去。

然而实际情况却在我意料之外。学生运动降温了，然而工人运动却日益高涨。2003年秋天发生的工人集会上，漫天飞舞着人们投掷的燃烧瓶。学生运动之所以会在韩国兴起，是因为那时没法搞工人运动，更宽泛地说是没法搞任何政治运动，那是一种代偿性的现象。所以一旦政治运动和工人运动可以正常进行了，学生运动当然也就降温了。文学的情况也是一样。其实在韩国，文学处在与学生运动类似的地位。由于现实当中实现不了，文学就承载了一切。

而从1990年代末期开始，文学好像急剧地衰败了。著名的文学评论家金钟哲停止了文学活动，开始参与环保运动，并创办了《绿色评论》这本杂志。其实我曾在2002年秋天受他的邀请举办过一场讲座。关于我曾经离开文学去组织新联合主义运动（NAM）的事情，他都知道得一清二楚。但是请不要误会了，其实他最近也还在读着谷崎润一郎的《细雪》，说是已经读第四遍了。他其实是这样类型的人。我曾问他为什么不搞文学了，他是这么回答的：我之所以从事文学，是因为觉得大到政治小到个人问题，一切都是文学承载的对象。而且就连现实中难以解决的矛盾，文学都能承载起来。然而不知道什么时候开始，文学被限制在了狭隘的范围里，这样一来，文学对我来说就不再是非他莫属的事了，所以我就不干了。对于他的话，我深有同感。

后来得知，我在1990年代结识的那些韩国的文艺评论家们纷纷离开了文学领域。韩国的评论家们不仅写评论，有很多人还编撰杂志和经营出版社，这些人现在统统不干了。我不觉得那是因为他们老了，没法理解年轻一代的想法了。真正的原因在于，他们所理解的"文学"已经终结了。韩国的状况发展得如此迅速，是我之前未曾料到的。我开始意识到，恐怕文学的终结已经渐成现实了。

3

在这里我想要探讨的是，为什么现代文学，也即现代小说被赋予了一种特殊的价值。现代之前也存在着文学，也有关于文学的理论，那就是诗学。但正如刚才说的那样，那里面不包括小说。虽然当时已经存在小说，也受到大众的喜爱，但人们并不把它当成什么正经营生。

带来变化的重要契机，在于"美学"概念在 18 世纪的登场。aesthetics 这个词原来指的是感性论。例如康德在《纯粹理性批判》里提到该词时都是这个意思，用它来指关于感性或者情感的学问。然而在这里，一种对感性问题的全新态度诞生了。到那时为止的哲学里，感性、情感一直被看成是比较次等的人类能力。人们更希望的是能够排除感性，达到理性的境界。然而用新的态度来看，感性、情感与认知和道德能力（知性和理性）紧密联系，双方经由想象力的中介作用而相互关联。想象力以前一直被看成负面的东西，因为它会给人造成幻觉。但从这时起，想象力被奉为创造性力量，开始得到称颂。这一情况与文学的受人重视之间有着密切关联。

"美学"发源自英国，但很快就得到了德国浪漫派的推崇。值得玩味的是，同一时期的日本也发生了类似的动向。18 世纪下半叶的本居宣长，主张比起朱子学强调的求知与道德，"物哀"这种共情力、想象力具有更高的价值。例如《源氏物语》这样的作品，看起来好像无关道德，事实上却具有真正的道德性。这是没有受到欧洲影响独立产生的想法，但其实是与之相通的。赞同感性、肯定情感的态度，是在工商业市民阶层地位上升的背景下出现的。

从另外的观点来看，这也意味着以往只具有感性娱乐读物性质的"小说"，从此被发掘出了全新的价值——它虽然有别于哲学和宗教，却更具有认识性，也富有真正的道德性。对于一个民族——作为"共情"的共同体，也即想象的共同体——的建构而言，小说成了基础。小说让知识分子与大众，也即让不同的社会阶层，都能借助这一"共情"而变得一样，从而形成了民族共同体。

结果，曾经不登大雅之堂的小说地位提升了。然而，这一变化带来的负担也是沉重的。因为如果小说仅仅是一种"感性"的快乐，那么它就不是美学的了。文学之能够超越知识和道德，恰恰是因为它始终背负着不得不成为知识性的和道德性的存在这一重担。从前在面对宗教和道德时，采取的做法是"为诗辩护"。而现在，与文学相对立的那种知识性和道德性的存在，则是政治性的，抑或是马克思主义性质的东西了。"宗教与政治"[1]、"政治与文学"这样的论争之所以出现，目的正在于使文学升格为不仅仅是单纯的娱乐。

从前围绕"宗教与文学"问题的讨论里，那些拥护"文学"的主张，乍一看好像是反宗教的，其实比起（制度化的）宗教，甚至更加具有宗教性和道德性。文学虽然是一种虚构，却比那些被当成真实的东西更加透露了真实。同样的，在"政治与文学"的讨论中，拥护文学的主张，也大抵是认为文学虽然无力且无为，看起来是反政治性的，却要比（制度化的）革命政治更具有革命性；或者是主张文学虽然是虚构，却显示出超越一般认识的认识能力。这也是萨特在说"文学是一个处于不断革命中的社会的主观性"时想要表达的意思。萨特的话显示了康德以后文学（艺术）的立场之所在。

---

[1] 原文如此，疑为"宗教与文学"。

然而到了今天，已经没人再这样定位（拥护）文学的价值了。这也是因为现在已经没人再向文学发难了嘛。文学在社会上貌似还算有点地位，其实却是被视若儿戏。"政治与文学"的讨论，比如文学应当脱离政治而自立的主张，如今是完全没人再提了，可直到三十年前一直都是人们争论的焦点。具体说来，那些讨论里其实暗含着一个问题，也即面对共产党时，文学家究竟应该如何自处。因此，一旦共产党失去了权威，政治与文学的问题也就随之消解了。人们现在的感觉是，作家嘛，写什么都不成问题，政治这种又土又扫兴的话题，还去谈它干吗。

但是事情哪有这么简单呢。文学的地位提升，与文学背负起道德责任，两者是互为表里的。一旦从这项责任中解放而获得自由，文学便成了单纯的娱乐。如果觉得那没什么问题，那也很好，那就这么办好了。其实我也认为，不应该苛求文学非得要有伦理性、政治性。挑明了说吧，我觉得还有比文学更重要的事。而形塑了现代文学的小说这种体例，也只是一种历史的产物。在我看来，它已经穷尽自身的使命了。

4

现代之前的世界由许多帝国所覆盖。这些帝国的语言是文字语言。在东亚有汉字，西欧是拉丁文，伊斯兰世界中则是阿拉伯文。这些语言都是世界语言，各地的普通人并不能读写。从这些帝国中逐渐分化生成了现代国家（nation-state）。这项进程的一个关键在于，现代国家脱离了世界语言，从各民族的方言（vernacular）中创造出了标准语。

创造各国标准语的过程，与其说是在把方言写出来，不如说是在用方言来翻译拉丁文等世界语言。路德用方言翻译的《圣经》成了现代德语的基础。但丁所写的诗文也发挥了一样的作用，他用意大利某地的方言写出的《新生》，成了今天的标准意大利语。但丁这位拉丁文好手没用拉丁文来写作的确令人惋惜，然而他的文章后来却成了典范，这其实是因为他的作品是作为拉丁文的翻译写就的。

但丁的观点是，用拉丁文写不了恋爱之类的情感问题。在日本，精通汉文的紫式部在写《源氏物语》的时候不用任何汉语，其缘由也与此类同，是因为她觉得汉文这样知识性的语言，无法捕捉情感的曲折微妙。但是，紫式部使用的和语不是作为京都地区的方言，而是作为汉语的翻译而写就的，也因此才成了后世典范。

像这样，无论哪里的现代国家，都通过把汉文、拉丁文这样通用的、知识性的语言翻译为方言的方式，创造出了全新的书面语言。在日本，明治时代的人们不得不基于方言（口语）来重新发明书面语言。这一被称作"言文一致"的过程，是由小说家推动实现的。刚才说到作为感性与理性的中介，想象力成了"美学"上的关键因素，而这在语言的层面上也是成立的。所谓言文一致，就是要把感性的、情感的、具体的东西与知识的、抽象的概念连接起来。

无论在哪个现代民族国家的形成阶段，这样的进程都在发生。比如中国也不再使用旧时的"汉文",开始"言文一致"地写作了。据说在甲午战争之后,留学日本的众多中国青年从日本言文一致运动中得到启发,回到中国后予以推广。在这个过程中,小说同样起到了关键作用。

然而今天民族国家已经确立。换句话说,同一民族国家成员的同胞观念已在全世界扎根落地。为了形成这种观念,文学曾是不可或缺的,然而时至今日,已经不需要在人们的想象中创造出这样的同一性了。现在的人们倒是更多会从现实的经济利益出发思考民族问题。

在当今世界,民族国家正受到资本主义全球化的"文化"侵蚀。一旦经济上出现不利局面,依然会有猛烈的反扑出现,然而却不会产生从前那种直露的民族主义。今天这种反全球化的反扑,其基础不再是民族主义或者文学,而是伊斯兰教或基督教原教旨主义这类思潮。那不如说是与文学敌对的东西。

5

我再重复一遍:所谓现代文学的终结,基本就等同于现代小说的终结。因为现代文学的特点就是小说的地位凌驾于其他一切文类。刚才我提到,现代小说背负了此前没有过的求知和道德课题。那为什么偏偏是小说,而不是别的什么文学形式呢?为了回答这个问题,需要我们从其他角度来思考。其实小说这种表现形式,是与印刷技术的发展密切相关的。

江户时代的小说里一般会附有插画。比如翻开曲亭马琴的

《八犬传》，便能看到葛饰北斋画的插画。只有文字的话当时的人读不懂。而且这些书都是要出声朗读的。那时人们读小说，包括读报纸连载小说的时候，都是一个人出声读，其他人听他读的，一直到明治中期都还是这样的。所以比起言文一致的文章，那种带韵律的拟古文体反倒更好。这么一来大概可以说，绘画和声音消失之际，才是现代小说成立之时。现代小说是用来默读的。所以人在读了现代小说之后，理所当然会有很复杂的内心活动。反而是要把这种关乎内心的小说读出声来会比较困难。

然而到了明治中叶，与此相关的情况发生了一些奇妙的变化。比如二叶亭四迷便用了言文一致的语言写作《浮云》。事实上，他写到一半就放弃了，而且这部作品的影响也没有像后来说的那样大。反而是他翻译的屠格涅夫《幽会》等作品对日本现代文学产生了重大影响。那么《浮云》为什么没能做到这点呢？

照我看来，那是因为二叶亭受到江户滑稽本太多影响，没法从中走出来的缘故。我在《日本现代文学的起源》里也是这样写的。这虽然不错，但其实二叶亭学的那些西洋文学，说起来也是跟滑稽本很像的东西。他学的是果戈理、陀思妥耶夫斯基的谱系。这些人与屠格涅夫这样的现代现实主义作家不同。比如陀思妥耶夫斯基的小说就是他本人口述内容的记录，所以更该用听的而不是用读的。

二叶亭听了他的俄国老师朗读陀思妥耶夫斯基小说而深受感动。后来他去找来文章阅读，却发现好像也没那么有意思。

从这里可以看到，《浮云》毋宁说是承接了果戈理和陀思妥耶夫斯基的谱系，不同于现代文学的现实主义，那其实是所谓"文艺复兴式的"小说。夏目漱石的情况也是一样的。漱石喜爱的劳伦斯·斯特恩也是一名"文艺复兴式的"小说家。这类小说到底该算是现实主义以前的东西，还是超越了现实主义的东西，存在理解上的分歧。然而当时无论在英国还是在日本，人们都把那看成是"前现代"的。

比如漱石的《我是猫》，最初就是以朗读的形式发表的。这么想来，就连《少爷》和《草枕》这些，想必也是听人读出来会更有意思。二叶亭的《浮云》也是用听的比用读的更有趣。正因为如此，这些作品才脱离了现代文学的主流。现代文学到底得说是一种用来默读的、兼具现实主义和浪漫主义的东西。在这个意义上，应该重视德勒兹提到过的这则逸闻：卡夫卡曾当众朗诵《审判》一书，却引得听众们哄堂大笑。

6

现代小说摆脱了声音和插画的束缚而获得独立，但是小说对于无论是作者还是读者都要求十分丰富的想象力。而一旦出现了视听觉媒体，这就不再是必要的了。比如在电影出现之前，小说家曾费尽心思，只为了能把小说写出电影那样身临其境的效果。然而电影技术一出现，这些努力便都不再有意义了。

从某种意义上说，这与摄影对绘画产生的影响相似。摄影诞生于19世纪中期的法国，在这以后，以往靠着肖像画谋生的画家们便无以为继了。直到那时为止的绘画遵从的其实是与摄影同样的原则（即采用暗箱辅助）。几何学透视原理基于此而成立。然而一旦有了摄影，这些便都没有意义了。于是就出现了印象派画家，开始创作用相机拍不出来的绘画作品。可以说，当代绘画艺术便是从这里开始的。他们在这个节骨眼上接触到了日本的浮世绘作品。然而讽刺的是，在那之后不久，明治的日本人却开始把印象派以前的西洋画当成典范接受了下来。

　　小说方面也是一样的情形。要说现代小说的特质是什么，首屈一指的要数现实主义。也就是说，现代小说着手处理的问题是，一个明明是虚构的故事，该怎样写才能显得像是真的发生过一样。潘诺夫斯基从"对象"和捕捉对象的"形式"两方面出发，考察了使绘画具备真实感的因素。在对象方面，绘画的主题从宗教、历史题材的内容转变为稀松平常的人和风景。在形式（符号形态）方面，则是对几何学透视原理的运用，即采用从某一固定点出发进行透视的构图法，使得二维的空间具备一种纵深效果。小说的现实主义其实也是同样的道理。

　　对象的问题用不着多说什么了吧。简单说来，就是去写普通的风景、普通的人。然而正如我拿国木田独步《难忘的人们》作为例子说明过的那样，这其实孕育了一项重大的反转。国木田称作"难忘"的并非什么了不起的东西，而是那些司空见惯的风景。而从形式层面来说，现实主义所带来的是"第三人称客观描写"的技术。因为一旦有叙述者存在，就成了并非从固定的某点出发，而是具有在场性的，或者说缺乏"纵深"感的内容了。然而，与刚才二叶亭四迷的情况类似，当西洋文学开始对第三人称客观的现实主义产生怀疑的时候，日本却正在为能够获得它而煞费苦心。文学与绘画的问题在这方面也存在着平行关系。

日本作家之所以对"私小说"抱有执念，多半是因为他们写不惯第三人称客观描写这一"符号形态"。很多私小说尽管用第三人称写了，却与主角视角如出一辙，主角没法看见的东西就也是看不见的。而"第三人称客观视角"不是这样的，它与几何学透视法类似，是一种假想中的存在。所以说在私小说家看来，第三人称客观视角的小说跟通俗小说没什么区别。他们会觉得，第三人称也好，几何学透视法也好，这些难道不都是子虚乌有吗？没错，正是如此。

无论当时还是如今，一直存在对私小说的批判。人们认为私小说落后而扭曲，偏离了现代小说的正轨。然而私小说也自有其存在依据。在我看来，私小说是把"现实主义"贯彻到底的事物。一旦贯彻到底，就不容第三人称客观视角这样的假想存在了。芥川龙之介就与一般认识不同，认为私小说具有与后期印象派相对应的前卫性而予以赞赏。芥川还在《密林中》（黑泽明将它拍成了享誉国际的电影《罗生门》）这篇作品里，利用三种不同视角的叙述，巧妙地体现出了"第三人称客观视角"的虚构本质。要过很久，法国的萨特才开始率先怀疑第三人称客观的视角，这便是反小说的开始。"第三人称客观视角"从这时开始被人们放弃了。然而，"第三人称客观视角"造就了现实主义，如果否定了后者的价值，现代小说具有的划时代意义便也不复存在了。

摄影诞生之后，如何画出摄影呈现不了、唯独绘画才可以实现的作品，便成了绘画艺术的努力方向。同样的，现代主义小说也是电影诞生时代的产物。从这一点说，20世纪现代主义小说的一个主题，就是想要实现有别于电影的那种小说的小说性。也就是说，要写出只有小说才能做到的东西。詹姆斯·乔伊斯等人便是代表。法国的反小说也是如此。这些小说家其实对电影非常在意，而且还亲身参与电影制作。像杜拉斯便拍了近十部电影，还为阿伦·雷乃导演的电影《广岛之恋》写了剧本。

说句题外话，杜拉斯是用越南语参加的法国业士文凭会考（大学入学资格统一考试），法语对她来说相当于一门外语。反小说派大都给人一种知性的洗练感，唯独杜拉斯，是位有着类似中上健次那种气质的"小说家"。她是中上死了四年之后过世的。

然而，小说的对手不只有电影。连电影也受到了新生事物的威胁。这些新生事物包括了电视、录像带，以及计算机对影像和声音的数字化。在这样的时代里，划时代的活字印刷术所造就的纸媒或小说失去了优势地位，也是在所难免的。在日本，漫画开始流行起来，这可以说是向德川时代小说的一种回归。江户小说就都是带插画的，而且几乎全是对白的内容。

刚才讲到，现代小说曾构成现代民族的形成基础，这是不容否认的事实。然而到了20世纪下半叶，已经很少再有建立于文学基础上的民族主义了，今后想必也会越来越少。在如今的发展中国家，很难再期待写小说、读小说的人会大幅增加。就算还存在读者，读的应该也是《哈利·波特》之类的吧。

就比如我也听过一些关于冰岛的情况。冰岛人可能是出于一种岛民性格，会为自己身为纯种的冰岛人而感到自豪。而且事实上冰岛语自"冰岛萨迦"以来就没有太大变化，连舞蹈、音乐和青年文化也依然保留了极强烈的民族特征。因此有美国记者认为这种状态会永远持续下去。然而后来有瑞典的公司开始在冰岛导入有线电视，于是仿佛就在一夜之间，冰岛便完全美国化了。

但这并不意味，一旦发生了这些情况，民族主义便会就此消亡。我只是在说民族主义已经很难再把文学当成其成立基础了。想搞政治鼓动的时候，你与其去写小说，还不如去拍电影或者画漫画。与其用纸媒，还不如用可看可听的形式，对大众而言会更加平易近人。所以无论在哪里，现代文学或者小说都不再是一个不可或缺的阶段了。当然，这样一种"飞越"，也会酿成重大的问题。"飞越"的过程所欠下的债，迟早是要还清的。

7

印度有位名叫阿兰达蒂·洛伊的作家。洛伊曾荣获1997年的英国布克奖，获奖小说旋即成了畅销书，非常出名。但是她在第一部作品获奖之后便就此搁笔，开始投身到印度的反修坝、反战等社会运动里去了。她后来写的也大都是相关话题的随笔作品。然而以往在欧美博得人气的印度作家，多半是移居美国或英国，从此过上华丽的文坛生活。当被问及不再写小说的原因时，洛伊的回答是，她不会受小说家的身份束缚而去写小说，只在有东西非写不可的时候才会去写。在如今这样的危机时代里安闲地写小说，是自己做不到的事。

洛伊的言行，难道不正反映了文学所曾承担的社会职责已告终结了么？以前人们觉得文学可以改变社会，而这种时代结束之后，就不再可能在真正意义上进行小说创作了，也没法成为真正意义上的小说家了。小说家成了单纯的职业名称。洛伊不是抛弃文学而选择了社会运动，倒不如说，她是以正统的方式继承了"文学"的事业。

关于这个还要说的是，近年来的布克奖得主，许多都是像拉什迪、石黑一雄这样的少数族裔或外国人。这跟刚才提到的美国和日本的情况是一样的。这样一来就不难预料未来将会如何了。跟日本比起来，英国的民族和文化构成要远为多样化，所以当前状况应该还会持续一阵。然而"文学"背负伦理和知识使命，并因此而具有重大影响力的时代已经基本结束了。现在剩下的仅仅是那个时代的余晖罢了。

有些人不赞同这点，认为现在依然存在着文学。如果怀有这种想法的是那种抱着孤军奋战的觉悟继续创作的作家，那倒是完全不成问题。实际上我一直都在写各种东西给他们打气，今后或许也会继续写下去。然而现在声称文学尚在的那些人并不是这样的。恰恰相反，这些家伙的存在就证明文学分明已经死了。日本尚有一些文艺杂志在发行，每月都还会在报纸上投放巨幅广告，然而实际上完全没人买，发行量极为惨淡。小说有时会卖得好，往往都是因为跟"文学"无关的话题，却装模作样地搞出一副文学依旧繁荣兴旺的假象。

我不会主张说什么作家应该去重振"文学"。对于作家去写娱乐性质的作品，我也不会加以非难。从日本的语境来讲，现代小说终结之后会出现读本[1]和人情本[2]这样的文类，那也是理所当然的事，又有什么问题呢？请尽管好好去写，就像漫画在做的那样，多多制造些世界级的商品吧。其实，有不少悬疑等领域的作家已经能做到这一点了。相较之下另一些作家写的东西吧，虽然他们自称是纯文学，其实是些也只有在日本才堪一读的通俗作品罢了，这些人真的没有资格去洋洋得意地说道些什么。

8

上面我简单讲了现代文学之终结的问题。然而如果把思考仅仅局限于文学和小说，那么不但无法讲清这个问题，而且也意义不大。"现代"这个概念本来就很含混，进而谈什么现代批判、后现代之类的，就更是一团乱麻了。我的想法是，这个

---

1 读本，江户时代后期流行于日本的传奇小说类型。读本深受中国白话小说的影响，内容以虚构为主，也有部分取材于历史，常有惩恶扬善、因果报应的主题。
2 人情本，是江户出版的大众书籍中，以平民阶层的情爱生活为主题的一类读物。流行于江户时代后期，读者以女性为主。

问题应该放在世界资本主义的发展进程之中考虑。对此，我想用一个粗略的年表来加以说明。

乍看之下，这张图显示了随着生产力发展而发生的变化，特别是"世界商品"以及"主要艺术形式"（媒介）两行，明显体现了技术发展带来的影响。但在另一方面，该表中的变化又存在着一种循环（反复）。这在世界资本主义这项上看得特别清楚。

世界资本主义的发展阶段

	1750—1810	1810—1870	1870—1930	1930—1990	1990—
世界资本主义	重商主义	自由主义	帝国主义	晚期资本主义	新自由主义
霸权国家	（帝国主义式的）	英国（自由主义式的）	（帝国主义式的）	美国（自由主义式的）	（帝国主义式的）
资本	商业资本	工业资本	金融资本	国家垄断资本	跨国资本
世界商品	纺织品	纺织工业	重工业	非消耗品	信息
国家	专制主义	民族-国家	社会主义/法西斯主义	福利国家	区域主义
价值观	消费的	禁欲的		消费社会	
社会心理	传统导向	内在导向		他人导向	
主要艺术形式	故事	小说	电影	电视	多媒体

我在图中把世界资本主义的各发展阶段概括为重商主义、自由主义或帝国主义等，但并不是说全世界都符合这样的描述。比方说实施自由主义经济政策的，是那时占有压倒性优势地位的英国，其他国家不仅不是自由主义的，甚至还采取保护主义来抵抗英国。想想看，当时的日本不正处于实行锁国的江

户时代么。还有像帝国主义，是欧洲列强——明治日本也急剧发展并加入了他们的行列——采取的政策，大多数国家则是受其统治而沦为殖民地。

虽然如此，1810至1870年的时期仍能称为"自由主义"阶段，因为无论其余各国采用何种政策，他们依然可以看成是共时地从属于英国经济主导的世界资本主义体系下。处于不同阶段的各国逐渐形成国际分工，共存于世界资本主义体系之下。这种各国经济所身处的全球共时性结构非常重要。

另一方面，重商主义（1750至1810年）或帝国主义（1870至1930年）阶段则是另一种状况，在这些时代里，曾经的霸权国家力量衰退了，开始跟将会取而代之的新兴国家发生持续对抗。帝国主义阶段与自由主义阶段之间，约摸以六十年为一个周期发生交替轮转。

在这个意义上，人们一般称作晚期资本主义时期或冷战时期的1930至1990年间，如果换个角度来看，我认为是基于美国霸权的"自由主义"阶段。当时的先进资本主义各国以苏联为共同敌人展开相互合作，在国内也采取了保护工人、提高福利的政策。世界资本主义体系表面上看来腹背受敌、危机四伏，其实对这个体系而言，国际上的苏联阵营以及国内的社会主义政党何止不构成威胁，甚至起到了促进稳定的功能。反而是1990年代以后，美国的经济实力开始衰退，霸权国家不存在了，故而能称为"新帝国主义"阶段。

这样，一方面存在资本主义发展所带来的变化，一方面又发生着循环往复。这一点在"资本"这项上也可以看得很明显。照理说，依靠商品流通赚取差额利润的商业资本主义，会被从生产中获得利润的工业资本主义所取代。然而在那之后获得优势地位的金融资本或投机资本，却在某种意义上相当于是商业资本主义那类事物的回归。在韦伯看来，工业资本主义发展所带来的不是商业资本主义那样的消费欲望，而毋宁说是禁欲、克制的生活态度。然而，在基于大规模生产消费体系的晚期资本主义或"消费社会"里，禁欲观念是被人们所否定的。"价值观"（ethos）这一项显示的便是这种变化。

9

我们先来看一看"社会心理"的层面。刚才我稍微提了一下1950年代美国的情况，而这些当时发生在美国的事中，已经孕育了后来被当作后现代主义来谈论的几乎所有现象的雏形。因此，当时研究这些情况的北美社会学家、批评家们的工作具有前瞻意义。比如布尔斯廷指出，如今发生的事件已经被"伪事件"（pseudo-event）所取代。这其实就是后来鲍德里亚称为"拟像"（simulacre）的东西。此外，加拿大的文化评论家麦克卢汉也对电视这一新媒体所带来的划时代变化做了富有远见的考察。

我想要在这里提出来谈谈的，是理斯曼的《孤独的人群》这本书。理斯曼所关注的，是这种社会状况的变迁在"主体"问题上的体现。他把社会分成传统导向型、内在导向型和他人导向型这三种，并认为美国已经从现代的内在导向型转变成他人导向型的社会。内在导向型的人们有着自主性的"自我"，不会因为传统或者他人就轻易转变。可以举出中西部那些独立经营的自耕农，作为这种类型的代表性阶层。然而理斯曼认为，这些人迅速地变成了他人导向型。

他人导向型不同于传统导向型的地方在于，这些人没有一套客观和确定的规范。他人导向型的人就像黑格尔说的那样，是被他人的欲望，也就是说，是被想得到别人承认的欲望所驱动的。引导着这类人的"他人"，其实是彼此在对别人的顾虑之中形成的想象之物。从伪事件和新型媒体中浮现出来的，看似是摆脱了传统的能动主体，事实上却正是这样一些完全没有主体性的、漂浮不定的人群（大众）。

其实这也并不是美国特有的现象。无论在哪里，只要当资本主义发生了从第一、第二产业向第三产业的过渡，也即从产品制造向信息生产的转型，便都会出现同样的现象。然而之所以在美国最早变得明显，是因为此地不但本来就没有传统导向型，而且其实内在导向型也十分缺乏。理斯曼视为后者典型的中西部农民本来是拒绝了传统导向而移民到美国的，然而他们形成的共同体却并不共有一种传统规范，所以反而变得极为他人导向。

内在导向出现在传统导向特别强大的环境里，是与后者进行对抗的内在自主性。然而在没有传统导向的美国，人们是否就能随意按自己认定的原则去行动呢？不是的。他们会相互观察彼此怎么做，把这当成自己行动的基准。代替了传统导向的正是这样一种模式。这就是为什么以前有人指出，美国虽然不实行苏联那样的国家强制，却另有一种强势的服从主义。美国也因此可称得上是最早形成大众社会、消费社会的地方，其过程没有遭遇过丝毫抵抗。

黑格尔对需求与欲望进行了区别。在他看来，欲望总是他人的欲望，也即得到别人承认的欲望。这一欲望以及围绕实现欲望而展开的相互斗争形成了整个世界史。但是一旦那欲望真的实现了会怎样呢？历史便会终结。黑格尔主义者科耶夫因此思考了历史结束之后的人类。他把"历史的终结"看成是将要到来的共产主义。然而他又认为那不仅仅是未来的目标，就在今天我们也能看得到，例子便是"美式生活方式"。这里指的就是1950年代在美国最早出现的、基于大规模生产消费体系的消费社会现状。

在科耶夫看来，由于这种社会不存在阶级和纷争，于是便无需"认识世界、探究自我"，从而成为一个不需要思辨活动的"动物性"社会了。其实如果借用理斯曼的概念，科耶夫所说的"美式生活方式"，就是既没有传统导向也没有内在导向的他人导向型世界。也就是说，科耶夫称之为"动物性的"东西与动物的存在方式恰好相反。这个词所指的，恰恰是"除了他人的欲望别无所求"的这种人类的存在方式。

科耶夫本来认为全世界在未来都将会"美国化"。然而他却在1995年访日之后表示自己"从根本上改变了看法"。他在日本看到的，是自关原之战（1600年）以来长期保持和平的、后历史的世界。比如说，日本人明明没有什么"人性"的理由，只是出于纯粹的清高主义（snobbism），便会做出完全"无偿"

的自杀（切腹）行为。然后科耶夫得出了这样的结论："最近在日本和西方世界之间产生的相互作用最终达到的不是日本人的重新野蛮化，而是西方人（包括俄国人）的'日本化'。"[1]

需要注意，科耶夫在这里说的"美国""日本"，与其说是实际存在的国家，不如说是经过像黑格尔所做的那种哲学反省之后的形态。如果采取了这种意思，那么日本式的清高主义，就是指那种既没有历史理念，又不包含知识道德内容，而是一味地为着空洞的形式游戏而殚精竭虑的生活方式。这有别于传统导向和内在导向，而是达到了极端形态的他人导向。那里存在的只是一种想要得到别人承认的欲望。就比如说存在着许多这样的人：他们虽然整天顾虑着别人的想法，却从来不会替他人着想；虽然有着强烈的自我意识，同时又完全没有任何内在的东西。

科耶夫从江户时代"日本式的生活方式"中发现了历史的终结，这一看法十分具有预见性。他发表这一观点的二十年以后，日本进入了被人们称为"后现代"的经济繁荣期（泡沫经济时代），当时逐渐变得显而易见的是，江户三百年的和平时代精炼出的那种独特的清高主义再度出现了。

日本从来就不存在内在导向型。只有到了明治之后的日本现代文学和思想里，这一类型方才出现。可以说，这些作品一直在为确立一种自主的"主体"而努力着。然而到了1980年代以后，人们反而开始嘲笑这样的主体或"意义"，并沉溺于

---

[1] 《黑格尔导读》第二版注解，姜志辉译，译林出版社，第519页。

玩弄语言形式。在今天，包括漫画、动漫、电脑游戏、设计，以及与此相关联的文学和艺术已经取代现代文学成为主导形式。这些东西比美国发源的大众文化还要更空虚，但在审美上却也更加考究。

日本的泡沫经济不久便破灭了，而这样的大众文化的全球普及则是在那之后才发生的。在这个意义上，整个世界看起来的确有开始"日本化"的趋势。然而这么说的意思，不过是指全球资本主义正在把以往的传统导向、内在导向一扫而空，并在全球范围内带来"他人导向"。现代和现代文学便这样走向了终结。

10

刚才提到韦伯曾经强调，推动工业资本主义发展的并非利益或欲望，而是"入世禁欲"。这样的价值观形塑了勤奋工作的劳动伦理，而后者造就了现代（工业）资本主义。那么日本的情况又如何呢？事实上，并不是非得要有新教才行。"入世禁欲"意味着推迟实现自己的欲望，只要能够做到这一点就可以了。

当然了，基督教（新教）在明治日本也发挥了很大的影响。包括北村透谷、国木田独步在内的很多作家都有过宗教经历。然而在这之前，还有一种东西驱策着所有日本人，使他们形成勤勉、禁欲的生活方式，这便是立身出世主义[1]。明治初期

---

[1] 想要出人头地的社会观念和体制。需要注意的是，此处的"出世"并非放弃尘世的意思，而是意味着想要出人头地，成为人上之人的理想和行为。

的很多政策，包括学制改革和征兵制在内，都是建立于这样的观念之上的。其实这在所谓的五条御誓文里就已经开始提倡了。与之相呼应的，是福泽谕吉的《劝学篇》和塞缪尔·斯迈尔斯（中村正直译）的《西国立志编》在当时的出版和畅销。

立身出世主义可谓现代日本人精神上的原动力。虽说很多思想都否定封建时代的身份等级，然而人人平等的理念也只是嘴上说说而已。明治之后的日本社会仍旧与真正的平等相隔万里，要说有什么变化，那就是日本形成了基于学历确定等级的新系统。其实在德川时代，想要实现身份跃迁的人也不在少数。然而明治以后，全民都开始想着要往上爬了。因此，大多数日本人，不管大人小孩，都开始为了出人头地而拼命努力。这种情况直到最近还在以考试战争的形式延续着。如果忽略了这一点，便无法理解日本的现代。

当然了，立身出世主义并不直接等同于现代文学。相反，现代文学恰是在阶级晋升遭遇挫折、虚无感丛生的处境中出现的。时间上大体是在明治二十年前后。鸥外的《舞姬》、二叶亭的《浮云》等作品中刻画的也大都是这一类人物。

明治日本的那种现代性自我或内向特质，一般被认为是源于自由民权运动的失败。北村透谷是代表性的例子。其实自由民权运动的影响有着各种不同的形式，且运动本身便与立身出世主义不无纠葛。比如铃木大拙和西田几多郎当时便退学以抵抗学校的中央集权化，此后他们埋首于宗教经卷中。二叶亭四迷宽泛地讲也属于自由民权运动，他也退了学，脱离了可以出人头地的轨道。这便是二叶亭四迷写作《浮云》的背景。与之相比，夏目漱石乍看一直走的是精英路线，然而他的动力源泉却始终是对此加以否定和破坏的冲动。漱石的文学创作活动是很晚才开始的，其实他跟透谷、二叶亭、西田等都是同辈人。要知道，漱石是抛弃了东京帝国大学教授的职位而成为小说家的。所以当我读到《心》里描写的K以及老师的角色时，脑海中会想到明治一〇年代的透谷和西田几多郎的形象。

除此之外，另一个给明治日本带来现代式的内向特质，并且带来爱情和文学的事物，便是基督教了。然而如果仅仅考虑其影响，便无法理解为什么当时偏偏是基督教起了作用。我在《日本现代文学的起源》中也曾提到，信奉基督教的人中，不少都是前幕府官僚一系。这些人前途无望，又失去了过去曾效忠的"主人"，便在这种状态下转向了基督（主）。所以想要理解基督教的发展，我们依然无法脱离立身出世主义这个时代背景。他们的内向特质，明显是产生于立身出世的强制作用。他们想要摆脱这个强迫人们出人头地的社会而获得自立，并在这时遇到了基督教（新教）。

在我看来，正是这种立身出世主义让明治以后的日本人有了勤奋和禁欲的价值观。用理斯曼的话来说，立身出世主义不是传统导向，它否定了那种父业子承的身份制度。然而，那也并非什么内在导向的东西，而是他人导向型的。驱动着立身出世主义的是一种想要赢得他人承认的欲望。现代性的自我意味着挣脱传统和他人的束缚，拥有一种自主的追求。然而这在现实世界中却是难上加难。因此，人们只能是从基督教，或者追根究底，是从"文学"中寻找它了。

那么今天的情况又如何呢？以东京大学为顶点，按照所就读大学的排名来给人划分三六九等的"学历主义"体制虽说广遭诟病，却一直存续至今。不过在1990年代以后的全球化进程中，这一情况似乎正在急速瓦解。不少学生的做法就体现了这一点，他们经过长期的考试战争，终于进了个好公司，却又干脆利落地辞职成了"自由职业者"。他们之中有些人可能会去写小说。然而在过去，人们从立身出世路线脱轨或被排除之后，会因此而产生出现代文学的内向特质，或者产生出怨恨感（ressentiment），这在当代是看不到的。我其实并不觉得这有什么不好的。进一步说，这些人不去搞文学也完全没问题，我倒是希望他们能够在现实中创造出更加不一样的生活方式来。

11

最能体现入世禁欲观念的领域不是工作，而是性爱。江户时代的商人也具有禁欲观念，但是他们经年累月地积攒财富，到头来图个什么呢？自然是纵情声色。尾崎红叶在小说中描写了这类事情，而后来又有人对红叶写的《伽罗枕》进行了猛烈的抨击，这人便是北村透谷。透谷把红叶所刻画的世界称为"粹"（粋），并将其斥为封建社会的花街柳巷所培育的虚无主义。与之相对，透谷强调了爱情的价值。他在《厌世诗人和女性》里写道，"'理念世界'在与'现实世界'的争战中败退后圈地自守，形成的卫城便是爱情"。他还认为，"恋爱是暂时的自我牺牲，却又在同时成为自我，是一面映照出'自己'的明镜"，以此来肯定爱情所具有的划时代意义。

透谷推崇柏拉图式的爱情，然而他与岛崎藤村和田山花袋不同，这些后辈文人们从一开始便是这样想的，而透谷年轻时经历过红叶所写的那种放荡的世界。要知道，他参加自由民权运动的时候还是个小学生呢。而且，对于恋途之艰辛，透谷也有着切身的体会。比如他曾这样写道："捉摸不定的爱情会让厌世者失去理智，恰如婚姻会让厌世者心灰意冷。……开始时对婚姻怀抱越高的期望，结果就越容易失望，导致夫妻对峙、水火不容的局面。"事实上，透谷本人也经历了与石坂美那子的离婚。后来他在 25 岁时自杀了。

透谷批判了红叶，那么红叶又是怎样一个情况呢？红叶一直以来深深地为井原西鹤所倾倒，甚至到了为西鹤编订全集的地步。同时红叶也在为人处世上模仿西鹤。在我看来，透谷批判的那种德川时代的民众虚无思想，其实并不符合西鹤的情况。相反，西鹤和近松居住在元禄时代的大阪，他们捕捉到了逐渐压制武士，实现地位上升的商人阶层的力量。透谷所说的"粹"其实是文化、文政年以后的江户才具有的东西（比如哲学家九鬼周造把在花柳巷中产生的民众虚无思想定义为"粹的结构"，这种"粹"要等到文化、文政年时方才产生）。

然而江户文学的继承者红叶虽然给西鹤编了全集，事实上却并不理解西鹤。或者应该说，红叶没能很好地理解他自己生活的时代。红叶从西鹤那里学到的理念是，一切事物都受到商品经济的支配。然而同样是这种理念，放在 18 世纪初期武士统治的封建社会里讲是一种意思，而放到明治二〇年代讲的话又是另一个意思了。到了明治二〇年代，以前西鹤所发现的商业资本主义已经被工业资本主义所取代。商业资本主义时代的主导势力，在当时还只是商业资本（商店）和高利贷而已，而到了工业资本主义时代它们便被银行所取代，那与古来就有的放债人有着不同的性质。

到后来，红叶的爱情观发生过些许变化，但是在本质上还是没变。这一点只要看看他晚年的作品《金色夜叉》就知道了。此书写于日俄战争前夜的明治三十六年。那也正是日本在经济上向重工业转型，在政治上朝着帝国主义阶段迈进的时期。然而红叶在该书中所写的却是这么一个故事：主角（贯一）因为女人（阿宫）舍弃了自己而奔向财富（富山），于是便去借了高利贷展开复仇。这个设定本身就是一种时代误植，与当时的社会现实相去甚远。从这点上说，透谷所提倡的恋爱，虽然本人并无此意，却与工业资本主义不可或缺的那种价值观十分合拍，也即符合入世禁欲的伦理。这要求人们不是马上就要实现欲望，而是把它推迟，或是积累满足欲望的权利。这便是工业资本主义的"精神"。

然而在明治三十六年以及之后，《金色夜叉》却成了史无前例的畅销书。这或许反映了当时人们的思考方式实际上与德川时代并没有很大区别。比如在这本书里，有一个发生在热海岸边，大学生贯一穿着木屐猛踢负心女阿宫的场景。贯一这时还有"就用我的眼泪"把明年、后年、几十年以后的"此月此夜的月亮全部遮蔽得暗淡无光吧"之类的台词呢。这时贯一还说"我们明明已经跟夫妻没什么两样了"，以此责备阿宫的背叛。我一开始还觉得这说法是不是太夸张了，然而读了原作却发现，其实他们都已经同居了五年，而且阿宫的父母也是知情的。富山明明是了解情况的，却还是态度强势地向阿宫求婚了。而阿宫却也觉得，"自己可以卖个更好的价钱"。这是小说里的原话。

现在的读者要是读了这些内容，想必会大吃一惊吧。但是当时的读者非但不吃惊，还对这书好评有加、争相阅读。然而到了昭和时代之后，新派戏剧里演的《金色夜叉》已经跟原作大为不同了。我起初了解《金色夜叉》，也是看的山本富士子主演的电影版本。那个电影里把阿宫刻画成一个可爱动人的处女。阿宫与贯一之间成了一种纯爱关系，面对富山的突然闯入和求婚，阿宫为贯一的未来着想，才含泪勉强答应了。

红叶在三〇年代写的可不是这么个故事。事实上，人们要到明治二〇年代之后才开始谈论处女观念、柏拉图式爱情等主张，而透谷便是这些观念的积极倡导者之一。然而在大众层面上情况与此大相径庭，这在农村地区就更明显了。比如名叫夜这[1]的习俗直到战后依然十分兴盛。在城市里，是否处女同样没有成为问题。但是城市与农村的区别在于，城市人会用金钱来度量性爱，也即有把自己当成商品的那种意识。说得露骨一点，就是会觉得"白干岂不是太浪费了"。理所当然地，她们对于在花街柳巷工作也就并不特别排斥。不过，受到儒教道德浸染的武士家庭出生者是个例外。明治以后，这种道德与现代

---

[1] 夜這い，半夜以性交为目的进入他人寝室的日本习俗，大部分情况是男性去找女性。

道德意识相互混合，逐渐渗透到了所有阶层之中。

但是读了《金色夜叉》就会发现，大众层面上即便到了明治三〇年代也没有太大变化。阿宫虽说是明治的女子学校毕业生，但在想法上却跟艺妓无甚区别。直到明治中叶，与艺妓结婚的政治家或学者也不在少数。想想也是，比如当时在鹿鸣馆开派对的时候，付账的都是艺妓出身的女子。普通女性不擅长这样的社交礼仪，而女子学校正是为了应对这一困扰而设立的。所以在红叶看来，阿宫虽说是女校毕业，却也跟艺妓没什么两样。阿宫的心思是，自己既有如此美貌，委身于贯一就太不值了，应该能卖个更好的价钱。然而，我们并不能因此就说日本太落后了，或者说这是日本有别于西方的地方。比如以法国宫廷为背景的心理小说里，不少活跃其间的公爵夫人们便是高级娼妓出身，这些人也并未因此而遭受太多非难。据说在拿破仑三世时代，巴黎的女性有近三分之一都是娼妇。这在新教文化地区自然遭到了严厉的批判。像透谷这样的贵格派信徒，面对从花街柳巷里诞生的文化，理所当然会对其嗤之以鼻。但不能一概而论地说那就是非西方的东西。正因为如此，刚才提到的九鬼周造会把"粹"与法国的"chic"进行对比。顺便一提，海德格尔曾对九鬼讲的"粹"有过很高的评价。但他这种德国农民型哲学家，当真能理解来源于花街柳巷的那种"粹"的境界？反正我是不太相信的。

另一方面，富山是个在西洋留过学的人，但是他的观念却与德川时代那些声色犬马的商贾老爷们一个样。所以他尽管知道阿宫在跟贯一同居，还是会向她求婚，这就好像给艺妓"赎身"一样，在当时是没问题的。然后同样常见的情况是，在赎买了女性之后，又马上对她失去兴趣，不再搭理她了。阿宫就是在这种情况下回忆起了贯一的好来，开始感到后悔。大致就是这么一个故事。

刚才讲到今天的读者要是去读《金色夜叉》可能会吓一跳。但我现在其实觉得，如今的年轻人要是读了这本书，大概一点也不会感到惊讶吧。反倒是读透谷一类的东西才会令他们意外也说不定。因为像阿宫这种会考虑自己的商品价值、待价而沽的女性，今天已是随处可见，而且无论男女都不再有处女观念了。前几年，有社会学家分析"援助交际"这种十几岁少女的卖淫形态，从中看出了革命性意义。然而，这一情况其实只是反映了资本主义愈发渗透全社会了而已。如果这能算"革命性"，那西鹤的《好色一代女》可要比这革命多了。

此外，如今也出现不少梦想着一夜暴富，热爱投机活动的年轻人。这应该如何理解呢？从资本主义的阶段来看，这意味着工业资本主义结束之后，某种意义上的商业资本主义时代到来了。相比生产而言，人们现在更倾向于通过流通中产生的差额赚取剩余价值。商业资本所具有的这种本性正逐渐显露出来，那也就是所谓新自由主义的时代。所以说现在看来，更早那个时期的东西反而变得应景了。所谓"历史中存在的反复"，可以从这种现实情况中找到根据。

最后，我想重申一次：在当前的情况里，小说已经再无可能担负过去曾有过的使命了。然而即便现代文学已经终结，资本主义和国家的运动依然会奔流不息，不断驱赶我们向前，二者对一切自然与社会环境所造成的破坏也必将持续下去。我们身处其中，必须与之进行抗争。然而对于文学在这一抗争上的作用，我已经完全不抱期待了。

追记：本文整理自 2003 年 10 月于近畿大学国际人文科学研究所附属大阪专院举行的系列讲座，同时收录于《现代文学的终结》（INSCRIPT，2005 年）一书。

日本精神分析再思考

今天日本拉康协会之所以会叫我来，想必是因为我曾在《日本精神分析》这篇论文里讲到过拉康吧。我在那篇文章里引用了拉康关于日本，特别是关于汉字训读问题的论述。今天我准备谈谈与此相关的话题，但在这之前想先介绍一下原委。《日本精神分析》写于1991年，后来收录在《定本 柄谷行人集4 民族与美学》（岩波书店）[1]一书。另外还有一本书叫《日本精神分析》（讲谈社学术文库），内容是不一样的。后者写于2002年，里面提到我已经不喜欢之前写的那些东西了。当时我写到，自己写作《日本精神分析》的时候，对于所谓日本人论、日本文化论是抱着拒斥态度的，然而最后却恰恰只写出了属于这个类别的东西。自那以后，我再也没有写任何有关"日本人论"的东西。到今天要我去重读那时写的内容依然提不起兴致。只是承蒙以若森荣树为代表的拉康派的各位给予好评，并邀请我做演讲，所以没办法，只能是来"再思考"一番了。说是"再思考"，其实也没有什么新的想法。只是期盼能够通

---

[1] 中译可参考薛羽译《民族与美学》，西北大学出版社，2016。

过今天讲的内容,激发各位对相关问题的重新思考。《日本精神分析》这篇论文的主题是我在1980年代后半思考的问题。简单说来,那是对丸山真男《日本的思想》一书中论点的重新探讨。丸山以西方思想史为基准考察了日本思想史,得出了如下结论。日本的思想史中不存在一种能够定位诸多个别思想、发挥坐标轴作用的原理,也不存在称得上是正统的思想,从而使另一些思想成为异端。所有的外来思想都只是被接受下来并在空间中杂居着,且由于不会发生原理上的相互对抗,所以思想在这里既不能产生积累,也不会有所发展(《日本的思想》,岩波新书,1961年)。换句话说,从外部引入的思想并不会受到"压抑",而仅仅只是在空间上"杂居"。新的思想出现后没遇到多少真正的对抗便被保留下来,等到更加新的思想来了,又会突然被拿出来。这么一来,日本就成了一个大杂烩。丸山把这叫作"神道"。"'神道'就好像纵向展开的布卷一样,会不断'综摄'(习合)不同时代有影响力的宗教,形成自身的教理内容。不用说,神道具有的这种'无限拥抱'性和思想的杂居性,正是刚才讲到的那种日本思想'传统'的集中体现。"(出处同前)

丸山真男是在与西方的比较之中考察日本,而另一位学者通过与中国比较来考察日本,这便是中国文学研究者竹内好。在他看来,亚洲各国,尤其是中国,在与现代西方的接触中都存在着与西方相对立的"抵抗",日本却并不存在抵抗,而是顺畅地实现了"现代化"。这是因为,日本不具有要求必须展开"抵抗"的"自我"。这跟丸山真男说日本不具有思想的坐标轴是一个意思。也就是说，如果存在一个原则性的坐标轴，那就不会促进"发展"，反倒会造成"停滞"。而日本之所以"发展"了，秘诀就是它没有自我，也不具有什么原理。所以，即便会出现一时停滞，竹内好却更期望能像中国那样通过"抵抗"实现现代化，而且他认为，这种现代化反而是更接近西方的。

我并不反对他们这些主张。其实思来想去，会发现确实如他们所说。这些结论高度概括了现代日本的种种问题。但是我想要追问的是，为什么会这样？想要回答这个问题，就不得不去思考日本人的集体心理。这在广义上就成了一种"精神分析"式的探讨。

丸山在《日本的思想》之后，又在1972年发表了题为《历史意识的"古层"》的论文。在该文中，丸山将我们刚才提到的神道、思想的坐标轴之阙如的问题回溯到古代展开探讨。为此，他分析了《古事记》，并从这"古层"中发现了一种思考方式，即认为相比有意识的"作为""制作"，自然的生成更具优越性。古层是指一种集体无意识。然而关于"历史意识的古层"这一概念，丸山没有再做进一步的理论阐释。

另一方面，河合隼雄的日本文化论在当时非常流行。正如《母性社会日本的病理》一书所体现的那样，河合作为荣格派，理所当然地把无意识处理成仿佛实际存在的东西。于是他如此写道："西方人的意识中心存在着自我，围绕着自我而达成人格的统合，因而人格是与他们内心深处的自己联系在一起的。相反，日本人的意识与无意识之间没有确定的分界，由于其意识的结构是以存在于无意识中的自己为中心形成的，因此他们的意识是否有一个中心，那是十分可疑的。"（《母性社会日本的病理》）

不过，对于这种把集体无意识当作实际存在之物来对待的做法，我感到有些怀疑。对某个具体的日本人可以做精神分析，但是真的能做"日本人的精神分析"吗？如果可能的话，要怎么做？荣格会运用集体无意识概念，所以在他那里是可能的。那么弗洛伊德会怎么看？他对集体心理学与个体心理学的关系采取十分谨慎的态度。在他看来并不存在所谓的个体心理，因为那在某种意义上已经是一种集体心理了。弗洛伊德还否定了勒庞设想的那种有别于个体心理的集体心理。那么，集体的东西是如何在个人身上起作用的？他在这个问题上的态度不甚明了。比如他有时候认为个体发生是对系统发生的重复，有时又说过去的人类经验会经由祝祭得到传承之类的，诸说纷纭，没一个准。

然而，我认为拉康解决了这样的问题。因为拉康根本上说是从语言出发考虑无意识问题的。语言是集体性的事物。因此可以说，个人是通过习得语言来传承集体经验的。也就是说，若从语言出发进行考察，便可以免于面对"集体与个体心理学之关系"这样麻烦的问题。拉康将人类习得语言看成一项决定性的飞跃，即进入了"象征界"。这样一来，既然语言这种集体经验自古便绵延不绝地传承至今，那么个人之中便也存在着集体性的东西。

这带给我们的启发在于，如果想要考察比如日本人或者日本文化的特点，可以不去考虑意识或观念层面，只需考察语言层面。当然，考察语言的时候也需要注意到下述问题。有些人会从日语的语法特性中探究日本人、日本文化的特征。比如日语中不用主语，可见日本人没有主体，诸如此类。但是这么说的话，那同属阿尔泰语系，且同样是中国之边缘国家的韩国又是怎样的情况呢？奇怪的是，从语言出发考察日本文化的论者，谁都没有提这样的问题。

我觉得在看日本文化特征的时候，与其跟西方或者中国比，更应该跟韩国做比较。在思考美国人、美国文化特征的时候也是一样的。一般人们会把美国跟欧洲、拉丁美洲或者东方做比较，而照我看来，最应该拿它来跟加拿大对比。也就是说，只有在跟同为英国的前属国，且同样是移民国家的加拿大做对比时，才能真正看得出美国文化的特性。应该问问为什么加拿大是这样的，而美国却不同呢？但是几乎没有人这么考虑问题。据我所知，唯一的例外是迈克尔·摩尔有关大规模枪击案的纪录片《科伦拜校园事件》(*Bowling for Columbine*)。摩尔注意到，加拿大的枪械持有率高过美国，但却很少发生枪击案。这就是一个以暴力事件为题的文化论，也同时是一个精神分析。我的想法是，加拿大和美国的差异，根源在于他们与英国关系的区别。

与此类似，在考虑日本的时候，重要的是与韩国进行比较，而不是与西方或中国。丸山真男和竹内好的日本论显然是在跟西方或中国的比较中思考日本的。这样一来理所当然只能获得些老套的结论了。所以我想要提出的"日本精神分析"的特点主要有两个，一是从语言出发考察，二是与韩国做比较。日本与韩国的区别，源于两者与中国之间关系的区别。

当我们比较日本与韩国时，最显著的区别在于两者对汉字态度的不同。韩国、越南等中国边缘国家虽曾采纳汉字，现在则都已不用了。这是由于语言类型不同（中文是孤立语，而边缘地区是黏着语），汉字会比较难用。但是汉字的使用在日本依然存续，从汉字演化而来的两种表音文字也还在日本得到使用。不仅如此，日本还有区别地使用三种文字，以显示词的来源。比如源自外国的词就用汉字或者片假名来表记。这一语言系统已经持续了超过千年之久。如果不去注意这些特征，无法读懂日本文学自不待言，要想理解日本的种种制度和思考方式也是不可能的。说到底，这些制度和思考方式之所以可能，也是因为这一书写（écriture）类型的存在。

丸山真男认为，日本虽然会接受任何外来思想，但接受之后却只是使其杂居一处，并不去触及它们的内核。而最能够体现这一特点的，便是所用文字的形态了。既然接受进来的这些用汉字或者片假名表示的东西，充其量都只是些舶来品，那么自然是不管接受什么都不会成问题。无论是何种外来观念，由于首先通过日语得到了内化，所以便能几乎毫无抵抗地接受进来。然而，由于这些内容只是用汉字或片假名来有区别地表记，它们就在本质上没有内化，或者便不经过与之搏斗，而仅仅是作为外来物，被收拾到一边去了。结果，所有外来之物就在日本尽数得到了保留。

这么看来，可以说丸山真男所谓的"日本的思想"的问题，其实是在文字问题上体现出来的。我们不必特地去考察"历史的古层"、集体无意识之类的东西，只要想一想汉字、平假名、片假名三种书写并用的事实便可明了。这在当前日本依然沿用并发挥着重大影响。在我看来，思考什么是日本特色的东西时，这难道不是最最核心的内容吗？然而查了一下却发现，我想要思考的这个问题，竟还没有任何人进行过探讨。一般不管做什么课题的研究，总会有捷足先登的先行者吧，这个问题上却没有。

但也并非完全没有，拉康便是一位。我通过阅读若森翻译的那篇拉康的短论文，了解到拉康其实对日本文字，特别是汉字的训读问题非常关心。而且他还在《文集》(Écrits) 的日文版序言中把话说到这个地步："像使用日语这种语言的人们是不需要精神分析的"，以及"我希望能让日本的读者们在读过这篇序文后，立马产生把我的书合上的冲动"。拉康所关注的，就是日本对汉字进行训读的事实。他是这样说的：

　　对于真正说话的人而言，用音读来注释训读就已经足够了。只要看看刚烤好的华夫饼干新鲜出炉的样子就知道，这两者构成的饼夹（烤模），实在是其使用者的幸福所在。

　　无论在哪个国家，人们都没有那种在自己的国语里讲中文的幸运，方言另当别论，也因此，而且更值得强调的是，他们无法不断地借用从未知的国语中获得的文字，把从思考，也即从无意识到言语（parole）之间的距离变成可以感知得到的东西。如果从各国语言中偶然挑选出来进行精神分析，日语可能会成为脱离常轨的棘手对象。

虽然可能会引起误解，但我还是要说：对于讲日语的人而言，通过撒谎来讲真话，也即讲述真实而不至沦为骗子，是家常便饭。（1972年1月27日）

这里说的都是些什么意思？其实我到现在都没弄明白。就此我想要请教一下大家的意见。但我之前是这么想的。日本人接受汉字的时候，是使用训读，也即用本国的发音去读它的。其结果是，日本人开始用汉字来表达自己语言的发音了。这看似司空见惯，实则不然。

一般说来，从外国获得文字是一件很普通的事情，除了世界上那几个文明中心之外，绝大多数的地区都有过这一经历。欧洲也是如此。然而，一个国家只要拿到字母表，就能立刻写出自己的语言吗？当然也不是。只有通过翻译那些文明中心传来的文本，借此创造出本国语言之后，这才成为可能。比如在意大利，但丁明明自己能写拉丁语，却故意把那些内容用意大利一地的方言翻译了写出来。如今这一地方语言便成了意大利语。换句话说，如今意大利人在说的，是但丁以翻译的方式制作出来的语言。

我是在考察明治日本的言文一致问题时注意到这点的。其实说"言文一致"的时候，它的意思只对东京地区是妥当的。在其他地方的人看来，言文一致的文章跟他们的"言"（口语）无关，是一种全新的"文"啊。再过不久，他们就用这样的

"文"说起话来了。从结果来说，确实"言文一致"了。我在这么想的时候意识到，这些明治时代的事情，应该已经在奈良以至平安时代发生过了。

就比如说，《源氏物语》明明是用京都的宫廷语言写就的，为什么地方上的人都能读得懂呢？原因并不是因为他们都明白京都话。到今天地方上的人讲方言还没法完全听得懂呢，更何况平安时代。之所以各地的人都能读懂《源氏物语》的和文，是因为这本书的语言不是人们会讲的那种话，而是作为汉文的翻译形成的和文。紫式部十分热爱阅读司马迁的《史记》，对汉文是精通的。尽管如此，她还是故意不用汉语而写了《源氏物语》。

日本人接受并训读了汉字，由此创造了日语。然而这事情在日本却比较奇怪。意大利人已经忘记了意大利语是通过翻译拉丁语创造的。然而日本人却没有忘记日语的书写来自汉语，因为他们现在还在使用汉字。汉字虽然是外来之物，但日本人却感觉不到其外来性。所以，汉字在日本没有像在韩国那样被视作外来物而废除掉。然而与此同时，汉字到底还是一种外部的东西。怪就怪在这里。

我关注的就是这个问题。在韩国，中国的制度文明得到了全面的接受，很早就确立起了包括科举、宦官在内的文官体制。而在日本，虽然也全面接受中国的制度文明，却又同时对这种接受加以拒绝。这在关于文字的问题上也有所体现。我通过从拉康那里学到的想法来说明这个情况。我的结论是，日本人没有彻底被"去势"。在进入象征界的同时，他们依然停留在想象界，或者说是停在了镜像阶段。这种看法符合日本的文化以及思想的历史。也就是说，我认为丸山真男等人处理的问题，有可能通过对这类文字问题的"精神分析"来展开探讨。

那时我这样写道："拉康从那里得出了日本人'不需要精神分析'的结论，大概是因为弗洛伊德是把无意识理解为'象形文字'的。精神分析是要把无意识的东西意识化，而那其实就是把无意识转化为声音语言罢了，以此实现对无意识中存在的'象形文字'的解读。可是在日语中，所谓'象形文字'本身也会原原本本地出现在意识中。因此'从无意识到言语的距离是可以感知的'。这样一来，就会得出日本人不会受到'压抑'的结论。这是因为，他们始终都将无意识（象形文字）暴露在外——也即始终在谈论着真实。"我再重复一遍，就是说日本人没有压抑，因为在他们的意识中一直暴露着象形文字，所以日本人一直在谈论真实。

读罢拉康的这番日本论，我的脑海中浮现出本居宣长的话。宣长关于《源氏物语》有如下论述："物语者，虽大抵为造物，然则其中亦当有真，虽知其为造物，然仍感其哀，心有所动也。……故当知其虽为空言，亦非空言也。……物语所言之善恶，比之儒佛书所言善恶是非者，其异也甚矣，故其趣亦甚矣。"（《源氏物语玉石小栉》）就是说宣长认为，物语中讲的"善恶"跟儒经、佛经里谈的"善恶是非"有所不同。物语是造物，是空言，然而恰恰只有通过这种造物所表达的"物哀"才是"真实"的。这里请再想想拉康的这番话："对于讲日语的人而言，通过撒谎来讲真话，也即讲述真实而不至沦为骗子，是家常便饭。"

宣长把这种认识和思考问题的方法称作"和意"（やまとごころ），或者也可以叫作"大和魂"（やまとだましい）。这并非人们一般会说的那种军国主义或者运动类社团式的日本精神，反而是窈窕淑女（女性气质）的意思。事实上，"大和魂"是紫式部在《源氏物语》中用到的说法。不必说，那是用汉语无法表达出来的东西。

与"和意"相对的概念是"汉意"（からごころ）。这个概念具体来说指的是儒教、佛教的思想，不过在更加一般的意义上，也可以说该词指的是那种知性的、道德的或者理论体系式的思考吧。要说的话，这就是指那种可以用汉字来表示的概念。像军国主义式的日本精神这类东西当然应该算是汉意。与之相对，宣长所崇尚的是像"物哀"这类的情感。但他说的不是单纯意义上的情感。"物哀"虽然不是知性、理论性的东西，却是具有认识性的，虽然不是道德性的内容，却在更深的层面上具有伦理性。宣长认为，这便是所谓的"和意"。

宣长还曾有过如下观点：佛教里说人一旦彻悟，便可以安心地去死，然而那其实是骗人的。即便可以去往极乐世界，死亡仍旧是悲伤的事。在神的问题上，宣长也说过类似的话：神不都是善良的，也存在着恶神。有时做了坏事却会变得幸福，而有时做了好事也会倒大霉。因此，我们无法用是否符合情理来判断神的存在。这么看来，拉康说"日本人总是在讲述真实"，的确不无道理。

人们常说，宣长的主张比较接近于批判儒教的老庄思想，然而宣长把老庄思想也同样视为汉意并加以批判。在他看来，老庄所说的自然，只不过是针对人为的儒教思想而人为地构想出来的自然。虽然"和意"一词听起来很排外，其实在宣长看来，日本的神道同样是种汉意的东西。他说神道也是与佛教和儒教对抗而人工地构想出来的体系。宣长与此相对地提倡那种自然的、历史的事实。这便是所谓"古之道"（いにしえのみち），而探究这些事物的学问，便是所谓"古学"。

宣长用"古学"来称呼自己的学问，而从未称其为"国学"。另外，他也并没有想过要在现实世界中实现"古之道"。他所采取的，毋宁说是稳健的渐进改革派的立场。比如说他并不反对净土宗，还是一位净土宗的门人。真正创造了"国学"的人，其实是宣长死后才出现的平田笃胤。这种政治思想，是试图在当前世界里实现理念中的古代社会想象。这到了明治维新时代便发展成王政复古的思想。然而如果宣长还活着，他毫无疑问会把笃胤的思想批判为一种"汉意"吧。

宣长提倡大和魂，其实是在拒斥那种人为性、压抑性的东西。这样来看，那的确是很了不起的想法。能说出这些话的人们，确实没有必要做精神分析吧。但是，我们不能说那是日本人古来就实际具有的思想，也不是说只要是个日本人，就都有这些想法。"古之道"是宣长通过类似于精神分析的过程而得到的认识。如果把那看成一种理念，并积极地加以建构，那就势必会转变为平田笃胤所说的神道理念。和意即刻便转化成日本精神。也就是说，所谓的和意，在事实上是不可能的。为了把握和维持和意，要求一个人具有卓绝的知性与意志。

宣长向我们展示了实现这点的方法，那便是所谓的"古学"。而且古学不是说只要去读《古事记》就好了。他推荐的是在这之前要先去读《源氏物语》，因为有必要先通过这本书把自己的汉意给洗净。这其实类似于精神分析的过程。因此，虽然拉康说日本人不需要精神分析，但我还是想说，为了能够获得那种和意，日本人到底还是需要精神分析的。

　　时间不多了，最后我想说的是，我在2002年讨论了"日本精神分析"之后，就再也没写过这类有关文字问题或日本问题的东西了。这段时间我一直在思索的是"世界史的结构"，那里面没怎么涉及日本。然而从根本上说，我的所思所想都是从我作为一个日本人的经验中产生的。只是我并不希望把那当成日本的事情来讲。今天我之所以这么讲了，是因为这里是日本拉康协会的缘故。非常感谢诸位给我提供了这样一个机会。

重新思考城市规划和乌托邦主义

1

本次会议的主题是建筑教育。收到演讲邀请之初,我说我既不是建筑师又不是建筑批评家,况且我跟建筑教育八竿子打不着,然后就想推辞。但是对面回复我说:我们这些学建筑的,都在把您的《作为隐喻的建筑》(土耳其语译本)当成教材在用呢,您这不已经参与到建筑教育之中了吗。被这么一说,我也只能回答说确实如此,于是便应承了下来。不过也是因为有其他原因,我想一定要来一趟土耳其。

先说明一下我最初与建筑产生联系的原委。我在1983年出版了《作为隐喻的建筑》这本书。这本书与1995年出版的英文版在内容上差别很大,这主要在于,我当时其实并不了解建筑方面的事情。我在这本书里面讨论的内容,真的就是作为一种隐喻的建筑而已,跟建筑领域的问题并没有关系。所以,我完全没有预料到会有建筑师读这本书。然而意外的是,建筑师矶崎新读了,并给予很高的评价。他甚至还向美国的建筑师彼得·埃森曼推荐了我的书。结果,我的书作为麻省理工学院出版社"书写建筑"系列（Writing Architecture series）的第一本书出版了。为此，我把这本书彻底改写了一遍。

除此之外，埃森曼他们还邀请我作为常规成员加入 ANY。这是一个国际建筑师年度会议，从 1990 年开始的十年里每年在世界上不同的地点举办。我也在参加该会议的过程中结识了国内外众多的建筑师。在那里多多少少获得一些当代建筑知识的同时，我也抛弃了不少过去曾有的幻想。因为我没能遇到什么志同道合的人。

在《作为隐喻的建筑》里，我几乎完全没有涉及现实中的建筑。里面只提到两位建筑师、理论家的作品。那就是克里斯托弗·亚历山大的《城市并非树形》和简·雅各布斯的《城市经济》。两本书都跟城市规划有关。那么，为什么我要思考城市规划，把它当成作为隐喻的建筑来思考呢？

这一点涉及一个可以上溯至柏拉图的问题。柏拉图将哲学家比喻为给所有知识确立基础的建筑师那样的存在。他认为建筑 architecture 是 techne（技术、知识）的 arche（起源或首领）。从这个意义上我们可以说，"作为隐喻的建筑"最早是从柏拉图那里来的。自那时起，作为隐喻的建筑一直主导着西方哲学。比如在欧洲中世纪，上帝被看成一位创造世界的建筑师。笛卡尔曾畅想建造一幢周密严格的"知识建筑"，而康德则为了说明其超验哲学体系使用了建筑术 architectonic 一词。

有人曾经对此做过批判。比如当德里达在提倡解构形而上学的时候，就是在讲要打破像建筑这个隐喻所体现出来的那种知识的体系性。事实上在 1970 年代里，text（文本）的隐喻、

texture（织物）的隐喻代替了建筑隐喻而变得重要起来。像这样，文学批评和哲学领域中便有了"从建筑到文本"的转向，而类似的事情也发生在建筑界。这被称为后现代主义。现在人们都已经忘了，其实后现代主义的概念是在建筑界发生，然后扩散到其他领域的。建筑领域里的后现代主义，本来的意思是批判"作为隐喻的建筑"这一主导观念。

建筑领域的情况是这样的：在后现代主义之前，有以密斯·凡德罗、勒·柯布西耶为代表的建筑现代主义者，他们所追求的是建筑的建筑性。比如勒·柯布西耶所提倡的建筑舍弃了一切装饰成分，就像是个用于居住的机器。他们其实是把柏拉图式的那种作为隐喻的建筑推到极致。于是又有一些人与他们相对，倡导将装饰物重新导入建筑，换句话说，就是将历史重新导入建筑中。对他们而言，建筑与其说是一种建构物（construction），不如说是通过引用历史性作品而编织成的文本那样的东西。这些人都以后现代主义者自居。到后来，这个词也传播到了其他各领域。

然而，我自己对此事的看法稍微有点不同。比如柏拉图在把建筑师看作作为隐喻的知识之栋梁的时候，他脑海中浮现的究竟是怎样的建筑师形象呢？如同一个雅典市民会做的那样，他其实是轻蔑地看待建筑和建筑师的，因为他认为那只是一种手工技艺。所以在柏拉图看来，这些人唯一值得尊敬的事情在于他们参与了城市设计。与个别建筑物的设计不同，城市设计是与社会整体的设计相关联的。柏拉图把由哲人－王统治的国家视为理想的国家形式，而城市设计者正是作为其隐喻的存在，他们会得到柏拉图的青睐，也是理所当然的事情。

在当代，哲人-王的观念仍旧以其他形式继续存在着。比如在马克思列宁主义中，这种观念转变成这样的认识：觉醒的知识分子组成的先锋党需要掌握权力，从而计划性地改造社会。反过来说，如果去考察这种马克思主义式政治的问题，便可以回溯到哲人-王这个问题上来。人们已经对此进行过无数批判了，但是如果回溯到柏拉图去考察，我们便可以把它重新看成一个城市规划问题。我在讲到"作为隐喻的建筑"的时候，其实就是在思考这个事。

我之所以对亚历山大和雅各布斯抱有关切，是因为他们从根本上批判了设计、规划之类的事情。以前我也了解过很多对于计划经济、设计主义的批判。然而在阅读雅各布斯和亚历山大在1970年代的工作时，我感到格外新鲜的一点是，他们虽将论点限定在城市设计的问题上，却同时出色地展现了这种设计如何必将以违背原来意图的结果而告终。这不仅关乎城市设计，也是在探究普遍意义上的对社会、经济的设计之所以必遭失败的原因所在。因此，他们的工作成了我在《作为隐喻的建筑》里能用到的最恰当、最重要的例子。

首先，让我们来概述一下他们的工作。简·雅各布斯是一位建筑媒体人，在1950年代，她公开反对纽约的城市改造工程，并组织市民运动与之对抗。此后她因为反对越战而移居加拿大的多伦多。

在当时，城市开发事业一般受到称作区划（zoning）理念的主导。所谓区划，简单来说就是把城市以办公区为中心，区分成各种各样的区划，然后在郊外建设住宅区。各种区划经由汽车普及化（motorization）与中心相连接。今天无论在世界的何处，城市都在经历雅各布斯批判过的这种区划化、汽车普及化的开发与改造。雅各布斯在1950年代对此提出了批判，在她看来，城市真正的魅力与活力，来自新老建筑的混杂、住宅区与办公区的比邻，以及各种阶层、各种民族的共存。一句话，参差多态才是城市生命力之本源。然而现代的城市设计却与此相反，倾向于摒弃自然城市那种自发的多样性和复杂性。

雅各布斯十分具体地探讨了城市的多样性，而亚历山大则可以说是用更抽象的数学的语言讨论了相同的内容。在《城市并非树形》这篇著名文章里，亚历山大把那种在漫长岁月中逐渐形成的城市叫作"自然城市"，将其与经由设计师、规划师严密规划而来的人造城市区别开。在他看来，人造城市缺少那些自然城市具有的本质性的要素。许多城市设计师试图通过导入自然城市的各种要素，以使现代风格的人造城市获得生机。然而亚历山大则认为，迄今为止这些尝试之所以屡屡失败，是因为它们仅仅只是在模仿自然城市的外观和印象，而未能真正捕捉到自然城市的内部结构。

在雅各布斯看来，城市要有多样性，其中的一个条件在于同一个地区要能够起到不止一种功能。相反在人造城市里，一个地区就只具有一种功能而已。居民区就只是给人住的，马路仅仅用于通行。这用亚历山大的说法，便可称为一种"树形结构"。与此相对，自然城市有着更为复杂的结构。比如小孩子有的时候就更想跑到马路上玩，不想在公园玩。当马路同时也是游乐场的时候，它便发挥了不止一种功能。

亚历山大认为人造城市是树形结构，自然城市则是半网格（semi-lattice）结构。他这是在以数学方法去把握结构，因而也可以运用到其他问题上。比如说组织机构也是这样的。军队和官僚机构是树形的，不允许未经上级组织的横向往来。不过，最严格意义上的树形结构，还要数那些间谍组织和地下组织。其实树形结构也会发生变革。在现实中发挥作用的官僚组织，有时也会发展出不经过上级组织的横向联系，这样一来也就跟半网格结构接近了。

在亚历山大看来，若是在严格意义上遵守树形，那么无论组织还是城市都免不了荒废的命运。当代的城市设计本质上是在朝着这样的方向进展，人造城市巴西利亚便是其中的典型。"在任何有机体中，极度分割和内部元素的分裂，都是行将毁灭的第一信号。对一个社会而言，分裂是无政府状态。而对于一个人来说，分裂是精神分裂症和临近自杀的标志。"[1]

在那以后的很长时间里，我一直都没再去思考这个问题。我重拾该问题是在开始参加 ANY 会议的 1990 年以后。但那不是因为这个问题在会议上受到关注，而是恰恰相反。对于雅各布斯和亚历山大的那些城市规划批判，建筑师们似乎都显得兴致索然。

人们如今确实是对城市规划失去了兴趣。苏联解体后，人们对于各种类型的社会计划都失去了兴趣。比如像苏联实施的

---

[1] 《城市并非树形》，严小婴译，汪坦校，载《建筑师》，1986（24），第224页。

计划经济，其思考方式遭到全面否定。而在资本主义国家里，国家介入，包括福利制度在内，都遭到激烈反对，依赖市场原理的思想成为主流。总而言之，新自由主义与资本主义全球化的胜利，使得计划的观念成为历史。

2

然而我想重新考虑一下这个问题。这是因为雅各布斯、亚历山大他们所提出的城市设计的问题，其实还一点儿也没有解决。当我们重新思考这些问题时需要注意，他们所批判的那种城市规划其实不同于当代城市中资本主义式的开发。雅各布斯确实反对城市的资本主义开发，并批判城市改造和公路建设不为别的，而仅仅是满足了汽车产业和建筑行业的谋利需要。然而雅各布斯怀有疑虑的对象，实际上是那些看上去与此相反的理想主义的规划。不少人想要抵抗资本主义式的城市开发，希望建设出更人性化的城市，而雅各布斯却对基于这种意愿进行的城市开发抱有怀疑。

在雅各布斯看来，这种实践最早是从英国人埃比尼泽·霍华德（1850—1928）的田园城市构想开始的。他的主张是在郊外建设人口在三万至五万之间、自成一体、办公区与住宅区相临接的城市。在这种田园城市里，公园和森林将会环绕住宅而建，还会有进行农业耕作的空间。也会有供富人和穷人租赁的住宅。然而这并非让不同人的各种元素相互混杂的城市，而是所谓的"城镇"（town）。在这个意义上，田园城市与区划这种划分住宅地和商业地的想法是一脉相承的。

在这之后，勒·柯布西耶提倡的"光辉城市"（*La Ville Radieuse*）则是批判田园城市，倡导以高层建筑和绿地公园构成的现代城市。然而雅各布斯指出，光辉城市看似是对田园城市的否定，实则与后者基于类似的想法。光辉城市说到底就是垂直的田园城市。在她看来，不同元素相互激发、给对方带来活力的那种自然城市，将会在光辉城市里消失殆尽。

重要的是，这样的人造城市或者城市设计批判了资本主义式的城市发展，这种批判基于一种希望使城市更富于人性的意志。雅各布斯等人所表明的是，这样一种乌托邦式的城市终将会成为异托邦。不过，雅各布斯等人的规划批判，并不是要否定所有类型的规划。他们在某种意义上也是提倡规划的。如果说霍华德和勒·柯布西耶有着某种乌托邦主义，那么批判他们的雅各布斯和亚历山大其实也有着另一种类型的乌托邦主义或设计主义。

这点在亚历山大后来提出的"模式语言"（pattern language）这个概念里也有所展现。所谓"模式语言"，是将构成建筑物的各种部件进行分类，以便每个人都能够自行设计和建造自己的房子。有了这本书，客户便得以自行表达和发展自己的种种愿望。但是，是不是这么一来就不再需要建筑师了呢？并非如此，因为归根到底，各种部件是建筑师所配备好的。亚历山大只是在主张说，不应该把建筑师当成建筑的唯一源泉。同样在创造着建筑的，是生活在其中的人们。

关于城市设计，我们不也能做同样的主张么？所谓自然城市也并非完全不需要任何规划就可以建设起来。某种程度的设计是必要的，否则的话，城市就变成了完全的混沌状态。然而，雅各布斯提倡的并不是对城市整体进行规划。相反，她主张应该限制这样的规划。

为了达成这一点，她提出了必须满足的四个底线要求。举出其中两条来说的话，一是要求缩短街道的区块，使得转角变得更多。人们频繁地在街角转弯，就会产生更多的相遇，从而产生出生机和多样性。采用这种设计要求，是为了让人们能够自然地创设出多样的结构来。另一个要求，是让老建筑和新建筑比肩并存。这个要求构成了对城市改造的限制，因为要保存老建筑。但一旦实行了这样的要求，城市就跟"人造城市"不同，变得更富有多样性与活力。

我想重申，雅各布斯与亚历山大并非完全否定所有的乌托邦倾向和规划。他们之所以批判现代主义者的乌托邦式的城市规划，是因为其自身也有志于乌托邦的实现。

3

刚才我提到，在1990年苏联解体之后，人们对城市设计失去了兴趣。此后，新自由主义及资本主义全球化的胜利，让规划的观念成为历史。然而在这一过程中逐渐没落的，不仅仅是老式的乌托邦主义（设计主义）。与之相对抗的那种乌托邦主义也同样消失了。如今剩下的东西，只有从资本主义观点出发的城市规划了。后现代主义无法对其做出抵抗，其所能做的，只是犬儒地肯定它罢了。之所以1990年代在参加建筑师会议的过程中，我渐渐感觉到不快，也是出于这个缘故。

我想说的是，我们有必要重拾乌托邦主义。但这种乌托邦主义当然不是那种现代主义式的，抑或国家主导的社会设计。这种乌托邦主义，应当是雅各布斯和亚历山大通过城市规划批判所揭示出来的东西。雅各布斯虽然没有提出过规划方案，然而我认为，她的批判激发了现实中的规划方案。

在此我想举一个例子。2008年秋天，我曾去加拿大的多伦多大学进行演讲。在当时，我完全没有想到过雅各布斯的事情。本来演讲的题目就跟建筑或城市论没有关系。雅各布斯在1960年代末期因反对越南战争而移居加拿大，从那时直到2006年以89岁高龄过世为止，她一直作为批评家和社会运动家，在多伦多的城市开发议题上扮演了重要的角色。对于这些情况我其实都十分了解。然而不知何故，我在多伦多期间却并没有思考雅各布斯的事。直到后来我去了纽约大学水牛城分校做演讲时，我才终于开始思考起她的事来。虽说跨越了国境，两地之间其实只有两小时车程的距离。

多伦多是尼亚加拉瀑布边上的加拿大城市，水牛城则是瀑布另一边的美国城市。两城都是作为安大略湖沿岸的工业城镇发展起来的。直到雅各布斯移民过去的1970年为止，大概这两座城市并没有什么不同吧。但是我当时感觉到，与加拿大那边充满活力、产业兴旺的多伦多相比，美国这边的水牛城正逐渐衰败和荒废。

当然了，我们也可以认为，这不过是因为多伦多是座大都会，其地位放到美国可以与纽约相比，而水牛城只不过是美国一座地方城市罢了。但是我觉得，其中的一个原因还在于两地城市规划的差异。

多伦多市的中心位置有市政府大楼、安大略省的议会议事堂等公共建筑。但是边上就有大学。再接着就有唐人街，而市中心（downtown）的位置也很近。市中心地区布满地下街道，可以一直不用上到地面来。寒冬时节甚至可以在这里生活。另外，城里不但有地铁线，还有路面电车在运营。这些事实都显示出多伦多是排斥区划和汽车普及化的规划思路的。

另一方面，水牛城则推行了彻底的区划政策。比如那里就没有地铁。这是由于那里的富裕阶层和中产阶级人士生怕建造地铁之后没车的穷人会纷至沓来，因而群起反对的缘故。大学位于郊外。市中心有危险的贫民窟。这是典型的美国城市。可以说只要是依据区划理念进行城市开发的地方，都会显示出这样一番景象。

如果看看好莱坞的老电影，就会知道1930年代的洛杉矶城里纵横驰骋着路面电车。然而在今天，没有汽车便寸步难行。但在雅各布斯曾经活动的纽约，地铁仍旧十分普及，没有汽车也很方便。当然了，这并非全部仰仗雅各布斯一人之力，而是众多居民参与社会活动促成的结果。然而，如果缺少她这样一位对城市开发有着明确的理论认识和实践行动力的人物，或许纽约也会沦为洛杉矶吧。而如果她没有移居多伦多并在那里展开运动，或许多伦多也会变成水牛城那种景象吧。

因为这个缘故，我才会在水牛城想起雅各布斯。我再重复一遍，无论是在纽约还是在多伦多，雅各布斯都只是反对当局和企业的设计方案，自己并没有设计什么。她主张的只是达成刚才提到的四项底线要求。但正是凭借着这个，作为一座自然城市而生成的多伦多才成为可能。

仅仅是一位理论家、批评家的存在，便能造成如此重大的差别，对此我感慨万分。我想，这里才真正存在着建筑。而且，这里有朝向建筑的意志。我想把这一点传达给建筑师，以及有志于成为建筑师的人们。我自己尽管不是建筑师，但也同样从这件事里感觉到了希望。我觉得这种意义上的"朝向建筑的意志"，是我们绝不能轻易丢弃的东西。

日本人为什么不游行

1

今天我想要谈的，是"日本人为什么不游行"这个问题。另外我也想借此探讨，现在的日本社会是什么样的社会。

2003年伊拉克战争爆发的时候我正在美国洛杉矶。有日本的熟人给我发邮件时问道："美国现在混乱得很，你那边不要紧吗？"原来是那时有反战人士遭到杀害，事件在日本也有报道。然而在我执教的大学内外，每天都有游行示威活动，范围遍及全美。而在日本媒体的报道中，美国好像压根没有发生什么反战运动似的。其实完全不是这样。那时形成了很明显的舆论氛围，下一次总统选举时，支持伊拉克战争的候选人肯定是当选不了的。果然，奥巴马后来在选举中取得了压倒性胜利。

因此，虽然朋友担心我这边的情况，我反而觉得日本的情况才是需要担心的。当时以英国（他们的首相布莱尔支持布什）为首，欧洲各国都爆发了大规模的抗议游行，这在媒体上也有所报道。亚洲各国，像韩国、印度等地，也有游行示威活动。然而，日本却似乎看不到类似的情况。日本此时违背了战后宪法宗旨，首度向海外派兵，从而成为世人关注的焦点，然而街上却几乎没有反对运动。从外部视角看来，这真是一件匪夷所思的事。事实上以冲绳为首，日本各地也有过一些游行活动，但从外部看来，只能说其规模根本毫不起眼。

日本社会从某个时候开始形成一种观念，认为政策是由选举政治决定的东西，通过游行谋求变革不符合民主原理。人们觉得只有尚未确立议会民主制的国家需要通过游行来进行决策，发达国家则没有这个必要。这种论调是从1960年安保斗争那时开始出现的。但是久野收[1]曾经强调，如果缺少了议会外的活动，则议会民主制便无法发挥功能。在维持着议会民主的欧洲诸国里，游行是家常便饭的事。然而日本却几乎没人参加游行。为什么会变成这样呢？

有人说，那是因为游行太老套了，也有人认为随着互联网之类的普及，如今人们有了更多抗议的手段。现在确实鲜少再发生巷战或武装示威了，然而在今日西方社会，古典的游行依然盛行。即便看上去再怎么没有效率，游行还是有效果的。美国大规模的反对伊拉克战争游行，促成了如今对战争的批判。然而日本却几乎完全没有游行。而且时至今日，对小泉政权这个支持美伊战争的急先锋，日本的媒体上几乎看不到批判。尽管如此，媒体却欢迎奥巴马的当选，并且盛赞美国的民主主义。

所以，日本之所以没有游行，并非因为互联网发达的缘

---

[1] 战后日本著名政治学者，社会评论家。

故。比如韩国的网络普及率就比日本高多了，然而卢武铉当选总统的那次选战，就被认为是靠着网络的力量而取胜的。也就是说在韩国，网络是组织游行的宣传、联络工具，而在日本情况则是反过来的。在日本，人们只是在网上发表一番自己的意见，就感觉好像已经采取过行动，不去参加游行了。所以我们不能说那是网络或媒体的变化所导致的结果。

我们说回2003年，当时从外部来看，日本的这种死寂，这种政治上的无动于衷，是极为异常的现象。日本不是专制国家，却胜似专制国家，仿佛真的存在对民众的压迫。这跟日本成为监控社会的问题又是两回事。比如法国思想家吉尔·德勒兹曾经预测法国和美国将会成为监控社会。事实上确实如此，然而法国和美国依然有游行。日本却没有。所以日本的现状不能用监控社会、管控社会的理论来说明。那么，到底是什么缘故呢？我觉得不能不去追究其原因所在。

在这个时候，我想起来以前读到过的一些发人深思的内容。和辻哲郎在《风土》（1935年）一书中，曾经回忆了他1920年代前半期的德国留学经历。在德国，共产党和国粹党常常会上街游行，而人们对此的反应却与在日本截然不同。

> 共产党的示威运动日，一个窗口挂出红旗，而到了国粹党的示威运动日，则隔壁的窗口会悬上帝国旗，明确表明其态度；或者在示威运动之际常能欣然以一兵一卒的身份参与其中，并将此视为公共人的义务，这些都是民主主义所不可缺少的东西。然而在日本，民众中没有这种关心。这样一

来,政治就化作单纯只是某些为统治欲所驱动者的专业。尤其突出的奇特现象是,所谓的无产阶级大众运动,其实只是"领导者"群体的运动,被领导者基本不参加或者说只有极少一部分。当然,这并不意味着该运动空洞无物,但由此可以明白,正如日本民众在公园被破坏时所采取的态度一样,他们把公共事务只看作"别人的东西",因此对于像经济制度改革这类公共问题也不会由衷地表示关心,他们所关心的只是如何把"家"的内部生活搞得更加丰富多彩。[1]

我之所以会记得这段议论,是因为读到时大感意外。在我原先的印象里,和辻哲郎明明是一位保守的、反西方的思想家。此外,我会想起这个,还在于从那个时代之后,和辻所指出的现象基本没有发生过什么变化。和辻写的是1920年代前半叶的德国,当时无论纳粹还是共产党都还只是少数派。然而他对于那个时代的德国和日本所讲的,在某种程度上至今依然有效,这一点让我感到十分惊讶。

我是1960年开始上大学的,参加了1960年的安保斗争。说起安保斗争,人们会觉得那主要是全学联那样的学生运动,其实当时有上百万人参加到游行中。各个阶层、群体的人都加入进来了。当时的我以为游行是一件稀松平常的事情,其实纵观日本历史,如此多人一同参与游行的情况可谓绝无仅有。丸山真男和久野收等人对这一状况感慨万分,他们在文章里写

---

[1] 《风土》,陈力卫译,商务印书馆,2006年,第148—149页,译文略有改动。

道，市民社会终于在日本形成了。而我们这些学生呢则相反，看了他们写的东西觉得真是无聊透顶。我们会把他们的那种想法贬斥为进步主义、现代主义而加以嘲笑。自那以后，嘲笑丸山真男一类知识分子的倾向一直存在，并在1960年代末被称作全共斗运动的时代里达到高潮。

然而到了这个时候，1960年曾有过的那种一般市民参与的大规模游行的情况已经不复存在了。学生和新左翼活动家成为主力，并且随着运动的衰退，游行的参加者越来越受局限。与此同时，游行也渐趋暴力化，变得不是普通民众可以参加的那种游行了。用和辻的话来说就是变成仅仅只是"领导者群体的运动"了。在这个意义上，新左翼那种激进的游行压制了一般群众的游行示威。但是也可以说，正是因为不存在一般群众的游行，游行示威才变得愈发激进。两者之间是相互关联、互为补充的。

和辻在七十多年前说的话至今仍然有效。这么看来，从昭和初期到今天，社会其实也没什么太大变化。因而我们不能把现状归罪于资本主义的发展，或是大众社会、信息社会所带来的变化。即便有这些方面的因素，我们仍然要问相比其他地方，为什么这种情况在日本更为明显。

2

和辻哲郎拿游行作为例子，是为了说明日本社会"缺乏对公共领域之关心"的特点。他从如下方面寻找这一现象的原因。简单说来,在西方,人们是纳入城市共同体里的,通过城墙与外界隔开;而在日本,个人存在于"家族"之中,因而对公共领域无甚关心。在西方社会,个人即便在家里的时候也并非是私人性的。属于私人的仅有卧室部分,外面的走道也是公共的地方。所以卧室才会配有门锁。与之相对,日本人则居住在篱笆所围成的家族中。

城墙内部,人们团结一致共同对敌,联合一切力量保卫自己的生命。危及公共利益不仅意味着对邻近的人们有害,而且也意味着危及自身的生存。于是共同事业成为生活基调,规定了所有的生活方式。义务意识在一切道德意识的最前面。同时,覆盖了个人的共同事业又唤醒了强烈的个性,个人权利便作为义务的另一半与义务同样处在意识的前面。所以,"城墙"与"锁"是这种生活方式的象征。[1]

对于只知守"家"的日本人来说,不管谁当领主,只要不威胁到他的家,便是个无关痛痒的问题。好吧,即便受到威胁,这种威胁也是可以通过顺从忍耐来防止的。也就是说,不管被迫从事何种奴隶式劳动,也不可能从他那里把"家"内部亲密无间的生活夺走。与此相反,城墙内部的生活如果屈从于威胁往往意味着人们将被夺走一切,所以只能走联合起来斗争防御的道路。这样,前者伴

---

[1]《风土》,第 146 页。

随着对公共事务的不闻不问,具备着较强的顺从与忍耐的性格,而后者在对公共事务上显示出强烈关心和参与的同时,发展了尊重自我主张的意识。民主在后者才能真正成为可能。不光是议员选举在那里才具有意义,而且通常说的民众"舆论"也在那里才得以存在。[1]

和辻认为日本人对公共事务毫无关心,因而在这个意义上可以称为是"私人性"的。"私人性"与"个体性"是两回事。在西方,对公共事务的关心反过来强化了人的个体性。相反,"个体"在日本是很弱的。在日本常有人说要尊重个性,但这个话的意思其实是要尊重私人的东西。因而他们作为个体是柔弱的。

说到自由城市或者市民社会,人们往往倾向于从个人出发开始思考。然而事实上,欧洲的城市是从行会或同业工会这样的团体出发而形成的。就是说所谓的城市,并非众多个体的集合,而是同业工会等团体的联合。城市便是这样的联合体,是这种关系网络的总和,而个体也从中得到培育。所以说个体从根本上便不可能对公共领域漠不关心。

附带说一句,和辻不但把日本与西方做比较,还将之与中国比较。在他看来,中国社会是作为民间同乡团体的联合而成立的。国家仅仅只是作为官僚组织存在于其表层罢了。"民众无需借助国家权力,仅靠同乡关系便能巧妙地展开大范围的交

---

[1] 《风土》,第 148 页。

易。因此，无政府的特征并未妨碍其经济上的统一。所谓国家就是凌驾于民众之上的官僚组织，而并不是国民的国家组织。"[1]

当然了，今天的中国已经有了很大的变化，但是我想在一些方面基本是不变的。比如说，现在的中国是共产党治理，然而其相当一部分经济力量实际来自客家人、华侨等遍布全球的关系网络。在观察中国时，必须注意到这种二重性质，那是跟日本很不同的地方。

3

其实最近有其他人也谈到了同样的问题。在《法律与成规》一书中，宫崎学使用了"个别社会"这个说法。社会学里有部分社会与全体社会的区别，而宫崎则是独特地将部分社会称为个别社会。这个部分社会也并不是指构成全体的一部分，而毋宁说是独立于全体社会，并与之相抗衡的那种部分社会，宫崎特别地将其称为个别社会。

在政治学里，我们把习俗、村落等存在于国家与个人之间的种种集团称为中间团体或者中间势力。中间团体、中间势力原本是孟德斯鸠的观点，但宫崎说的个别社会与之意思基本一致。不过宫崎学的独特之处在于，他是从"法律"和"成规"的视角来区分全体社会和个别社会的。

比如说，农村共同体也好，像宫崎所举的黑道组织的例子

---

[1] 《风土》，第114页，译文略有改动。

也罢，个别社会中总是存在着为所有人遵循的规范。宫崎把这种规范称作成规（掟）。成规虽然不像法律一样得到明文规定，也没有惩罚规则，人们却不会轻易违背。因为一旦做了成规所禁止的事情，便会受到所谓村八分[1]那样的对待。相反，法律则是确立于个别社会之外，不存在通行之成规的地方。比如在民族国家这样抽象的"全体社会"里，人们所共有的规范便不是成规，而是法律。举例来说，家人间发生争执的时候，不管如何拳脚相向，一般来说也不太会去报警吧。大家一般会在家族内部，或是亲戚熟人之间解决。只有实在解决不了的情况下才会报警，也即诉诸法律手段。同样作为共同的规范，个别社会的成规和全体社会的法律在这方面存在着区别。

然而在宫崎学看来，这种区别在日本社会里并不成立。他说这是因为自治性个别社会在日本势单力薄。究其原因，在于日本从明治以来，封建时代的那种自治性个别社会发生了彻底瓦解，所有人被吸收到全体社会中，实现了急速的现代化进程。在欧洲则相反，现代化是以自治都市、合作社、行会等其他联合体得到强化的方式逐渐发生的。所谓的"社会"，指的便是这样的个别社会所组成的网络。因而社会被与国家相区别，也是理所当然的事。

然而在日本，由于个别社会极其羸弱，社会的领域与国家别无二致。宫崎学进一步指出，统治着日本的既非国家也非法

---

[1] 农村社会中对破坏成规的成员所采取的制裁行为，一般会采用全员与该对象断绝任何交往的方式。

律，而是一种看不见摸不着的"世间"。自主性的个别社会解体以后，日本成功地快速实现了民族国家建设，并发展了工业资本主义，然而这套做法在如今的全球化进程里已经行不通了。反观中国，强势的个别社会——比如"帮"和亲族组织——一直都阻碍着国民（nation）的形成。中国的现代化因此比较迟缓。然而中国却存在着超越国境的个别社会网络。在今日的全球资本主义经济中，这反而成了一种有利条件。而日本在这方面的缺失正逐渐成为一种不利因素。这便是宫崎学所做的探讨。

4

宫崎学的这些想法，跟和辻讨论的内容是重合的，这一点应该已经很清楚了吧。此外，宫崎认为日本社会的特征形成于明治以后，在此期间，以往封建时代存在过的自治性个别社会全面解体了。在这一点上，其实他的想法与丸山真男异曲同工。丸山真男没有使用"个别社会"这个概念，但他将同样的事物称作"自主团体"，或是借用孟德斯鸠的说法称之为"中间势力"。关于这点我们稍后再作说明，这里首先想要说的是下面这点。一直以来，人们都把丸山真男当成现代主义者、市民主义者来对待，将他看成进步知识人的典型而打发了事。但是他所讲的东西，并非必然就是"进步主义"性质的。比如他曾指出，在西方确立了"学术自由"这一传统的并不是进步派，而是那些既有势力，即中间势力。

[明治政府]在创造臣民、使他们一律在国家权力面前俯首帖耳的过程中，几乎没有遭遇什么像样的抵抗便成功了。在这一成功的背后，国家极早便垄断了教育权这一事实具有关键的意义。国家对国民实施义务教育，如今已是现代国家的常识了。但像日本这般轻巧顺畅地实现教育垄断的国家却是极为少有的。这是因为欧洲有着教会这样极为庞大的历史实体。教会处于国家与个人之间，被称为自主团体，也就是说它并非由国家创设，而是独立于权力的那类团体的典型。教会在传统上一直主导着教育事业。于是无论在哪个国家，围绕着教育权，教会与国家之间都展开了激烈对抗。然而日本自德川时代开始，佛教的寺院便已经完全成为行政机构的基层。也就是说在日本，寺院早已不是自主团体了。正因如此，从寺子屋教育向国家教育的转换才能那么轻而易举地实现。此外对于国家权力的全能化倾向，欧洲的自治城市和地方公社构成了与之对抗的要塞，采取建设自主乌托邦的举措，而在这一点上，日本的城市几乎全都是行政城市，连德川时代乡村中仅存的一些自治，也通过町村制改革而完全被官治行政的基层所吸收，所以中央集权国家一旦建成之后，能够称得上自主团体的、可与国家相对抗的势力几乎完全没有。这一点同样致使无自由的平等化、帝国臣民的均一化得到了极为快速的推行。(《思想与政治》，《丸山真男集 第七卷》第128—129页）

日本的个别社会、中间势力十分薄弱，这使得中央集权化成为可能。然而与此同时，又使得个体也变得非常弱小。当然这并不意味着日本完全不存在个人主义。比如和辻就有过如下论述：现代日本并非没有个人。然而这种个人除了自家事情一概不闻不问。他们没有公共关切。也就是说，这样的个人是"私人性"的。

1 民主化 democratization	2 自立化 individualization
4 原子化 atomization	3 私人化 privatization

在这点上，丸山真男同样展现了深刻的洞察（《个体析出过程的种种模式》，《丸山真男集 第九卷》）。他将个人从传统社会（共同体）中析出时的模式以上图的矩阵来进行考察。这个图是以"联合"sociative 还是"非联合"dissociative 作为纵轴，以对政治权威的向心式 centripetal 还是离心式 centrifugal 态度作为横轴的坐标轴，来考察近代化过程中出现的个人对社会所采取的态度。其结果如同该图所示，可以分为四种类型。

1 的民主化的个人，简单来说就是那种参与集体性政治活动的类型。而 2 的自立化个人的类型，则自外于集体性的政治活动。但与此同时，他们又是互相联合起来的。也就是说，他们虽然平时不会特地参与政治活动，却也并不拒斥政治，而是一旦有事时便会参加。因此，1 类型的人们大多倾向通过中央权力实现改革，而 2 的人们则对保障市民性质的自由抱有关切，热衷于地方自治事业。

接下来的类型是 3 的私人化，私人化是民主化的反面，然而与自立化也有所不同。要解释的话，3 就是拒绝一切政治活动，据守自己私人世界的那种类型。用和辻的话来说，他们对自家围墙之外的事情一概不关心。在文学领域来说的话，那便是"私小说"了。

最后一种类型是 4 的原子化个人，也跟 3 一样是从政治性、集团性活动中分离出来的存在，然而与 3 不同，他们缺乏属于私人的内核，是一些一味追随大众社会、随波逐流的个体。丸山真男是这样描述他们的：私人化的个体虽与原子化的个体类似（两者都对政治漠不关心），然而前者仅仅关心属于私人性的事务，而后者则是流动的。前者从社会实践中抽身隐遁，后者从社会实践中转身逃走。这种隐遁取向，是与社会制度中官僚化的进展相呼应的。"原子化的个人一般对公共问题不甚关心，但正是这种不关心往往会突然转化为狂热的政治参与，也就是说他们为摆脱孤独和不安而焦虑，正因为如此，这种人才会全面归依权威主义的领导，或是忘我地投入到那种国民共同体、人种特质永存观念所表现出的神秘'集体'中去。"（同前第 385 页）

也就是说，私人化的个体类型不参与政治，而原子化个体类型则会在"过度政治化和全然的漠不关心"之间摆荡。后者便是大众社会中个体的存在形式。丸山脑海中所浮现的，想必是那些被法西斯主义所吸收的大众吧。

如果我们基于丸山的图示来重审前面提到的和辻的想法，

便会得到如下结论。和辻所说的，存在于"城墙"之内的、为公共性而进行的斗争中所诞生的那种个人，属于类型2自立化的个体；而存在于"家族"内部、对外毫无关心的个人，则是类型3那种私人化的个体。然而即便在西方市民社会里，19世纪之后也出现了类型3的个体，到20世纪出现大众社会之后，更是出现了4那种类型。和辻离德归国以后，纳粹便执掌了政权。

当然，丸山真男并不是说这四种类型的人真实存在。一个人不可能完全属于某一个类型，也不可能一辈子都不改变，总会同时保有各式各样的要素。而且一个社会也不可能只属于某一种类型。不管在哪个社会里，都会同时存在着好几种类型的人。然而哪种要素占了支配性的地位，会极大地影响一个社会的面貌。

丸山认为，如果一个社会的近代化是自发形成、渐进展开的，那么2和3便会占较大比例；相反在后发国家的近代化过程中，会有更多1和4的类型。另外一般说来，随着资本主义经济的渗透以及大众社会的发展，类型4会愈发强势。包括日本在内的"后发国家"在近代化时，往往会有很强的1的倾向。比如韩国等地就是这样。而在如今的韩国，2、3的倾向，继而4的倾向也逐渐增强了。但是2至今仍旧可说是很强势的。

与之相对，日本的特征则在于2的弱势以及3、4倾向的强势。也就是说自立化的个人类型十分少见，而私人化类型的个人特别多。在日本，人们在表现得个人主义的时候，其实是在变得私人化。也就是说他们成为3那种类型，不进行公共性的政治参与。早在资本主义尚未充分发展的阶段，日本便能观察到"大众社会"的现象了。就是说，4的要素向来是很强的。

5

那么，到底为什么会这样呢？丸山真男在其他论文里做过如下解释。

无庸赘述，为了迅速应对国际压力和"不落后于外国"，在日本建立统一国家和强制实行资本的原始积累是以惊人的速度进行的，接着它又被马不停蹄的近代化——官僚机构的统治一直延伸到基层的行政村，完成以轻工业和军需工业为机轴的产业革命——所承接，这一过程在社会层面之所以可能，其秘密就在于遵循自主特权的封建-身份制中间势力的反抗极其微弱。明治政府必须先于开设帝国议会而创设新的华族制度（生造出来的贵族制，该词本身便是种矛盾修辞），从这一具有讽刺意味的事情亦可知，像在欧洲所见的享有社会荣誉的顽固的贵族传统、自治城市、特权行会以及拒绝外部权力干涉的寺院等对抗国家权力的社会堡垒，原本是何等的脆弱。前述"立身出世"的社会流动性出现极早，其原因就在于此。在政治、经济、文化等所有方面，近代日本是暴发的社会（统治阶层中多数人就是由暴发户构成的），无民主化的"大众化"现象，也随着技术的普及而较早便为人们所注目了。[1]

就是说，日本之所以能迅速实现现代化，其秘密便在于封建-身份制的中间势力之抵抗极其微弱。与之相关的是如前所述，在明治时期的日本，国家不费吹灰之力便掌握了教育的权力。使这成为可能的，是德川体制之下，佛教团体向纯粹行政机关的转变。佛教在16世纪末发生转向，向国家屈服。与此同时，自由城市（一向宗的堺市、法华宗的京都）已然几近崩坏。日本也曾存在过的城市（市民社会），在那时便基本都解体了。但是可以说，在京都和大阪，多少还残存着一些当时的市民社会的传统。

中间势力不仅存在于欧洲，也同样存在于阿拉伯世界和印度世界，对现代国家的集权化产生了抵抗作用。现在的话，去看一下阿富汗和伊拉克便可以了解。伊斯兰教各派都从国家中独立出来，然后借助于此，各部族也都实现了独立。这种情况下，便很难作为一个民族国家统一起来。

丸山真男虽然被认为是进步主义的启蒙派，却重视那些不得不说具有封建性质的旧势力，认为他们的抵抗是不可或缺之物。这看起来似乎很不可思议，其实如果对孟德斯鸠的想法有所了解，便不会觉得特别惊讶。孟德斯鸠是法国大革命以前的人，经常被拿来跟卢梭比较。卢梭正是布尔乔亚（市民）革命之代表，而孟德斯鸠则是代表所谓贵族（封建领主）阶级的

---

[1]《日本的思想》，宋逸民、吴晓林译，吉林人民出版社，第32—33页，译文略有改动。

人。但是，孟德斯鸠有一些卢梭不具备的重要认识。

人们一般会把政体区分为共和政治、君主政治和专制政治，但在孟德斯鸠看来，这种区分并不重要。君主制若是不存在制约权力的中间势力（贵族、神职人员等），便会转变为专制政治。就这点而言，共和政治也别无二致。事实上，法国大革命所引发的"恐怖政治"便是其明证。另一方面，能够抵御专制政体的，也正是中间团体、中间势力。孟德斯鸠在贵族和教会那里发现了这些势力。换句话说，正是在那些被当时的启蒙派看成前朝遗物而加以非难的东西之中，他发现了抵御专制政治的关键所在。

总结一下讲到现在的内容，大略如下。在日本，因为不存在个别社会、中间势力，也即不存在社会维度的抵抗，所以统一的国家得以迅速形成，工业化也得以快速推进。然而这种好处却不是没有代价的，我们不得不以其他方式来偿还。

6

丸山真男以上述图示的方式考察了明治以后日本发生的现象。个人化以私人化的形式得到了实现，这事放到小说领域来说的话，便是私小说了。日本的批评家长久以来一直都在批判私小说，说那是对西方小说的误解和矮化。但是那并不是什么单纯的误解。按照刚才的图示来看，西方的现代小说是基于 2 成立的，而日本并不存在 2 那样的基础，所以立即便转变为 3 那种类型了。

私小说的基础是"私人化"，而斥责这种私人化倾向的，则是昭和初期风靡于世的马克思主义（文学）。小林秀雄曾经如此写道："自从马克思主义文学输入日本以来，作家等对于日常生活的反抗首次成了至关重要之事。输入的东西并非文学的表现手法，而是社会思想。这说起来是理所当然的事。然而思想难以消解为作家的个人技法，而是具有绝对性的、普遍性的特质，这样的东西输入文坛，对于我国的现代小说来说可谓前所未有的事件；文学界中继此而起的种种混乱，若抛开这一事件史无前例的特征不谈，便难以得到说明。"（《私小说论》，1935年）

也就是说，马克思主义带来了从3到1的转变。然而这仅仅是一时的现象。没过多久马克思主义者便遭到镇压，纷纷转向，这时候人们不是转为2，而是更多变成3乃至4的类型了。换句话说，就是变成私小说或是大众小说的类型了。第二次世界大战之后，1的类型重生了。在知识分子中间，共产党重又获得了支配性的地位。这不仅是否定3的，而且连2也一并加以否定。对此，战后的作家们是进行了抵抗的。他们是一些在战争期间从1转变为2类型的人们。在战后，他们一方面抵抗1那种共产党的运动，另一方面又在与私小说，也即3那种自我封闭的倾向作对抗。这种二重性直到1960年代依然存在。这便是日本"战后文学"的特征。

为什么是1960年代？因为一直以来占支配地位的共产党此时丧失了权威。换句话说，1的类型被否定了。1960年代之后的新左翼更注重的是个体性的因素。换言之，2那样的形态成为主流。然而在1970年代之后，运动在以1的形态变得过于激进的同时，其遭到的挫折又强化了向3转变的倾向。更进一步说，那与其说是在向 2 变化，倒不如说是在向 4 转变，也即朝向大众社会、消费社会的个人及其代表文化转变。

自那时起直到今日，3 和 4 都占据着主导地位。也就是说人们若不是变得极度私人化，就是变得极为原子化。然而，我们并不能将之视为大众社会、消费社会的一般情况。正如我已经数次重申的那样，尽管无论在哪个发达资本主义国家都能观察到类似的现象，但却不能完全归因为这些因素。

在我看来，产生这一状况的原因，还是得去日本现代历史的独特性中寻找，这一独特性便在于，现代日本国家的成立，是建立在对中间团体、个别社会的摧毁这一基础上的。这一过程不只发生在明治时期，而是一直延续到 1990 年代。在这个过程中，各种各样的个别社会和既有势力，纷纷作为可能威胁到国家、国家利益的因素而遭到责难和压制。比方说工会（国劳[1]和日教组[2]之类）、创价学会[3]、部落解放同盟[4]、朝鲜总联[5]、大

---

[1] 全名为国铁劳动组合，日本国有铁路及其后续的 JR 集团的员工工会之一。成立于 1946 年，1987 年日本国有铁路分割民营化并改名为 JR 集团，而国劳则并未改名。

[2] 全名为日本教职员组合，是日本学校教职员工会的联合体。以改善教职工待遇、提升教职工地位、增加职工人数、改善教育条件为主要目标展开活动。成立于 1947 年，为现有的教职工工会中年代最久、规模最大的一个。

[3] 于 1930 年创立的宗教法人团体，创始人为教育家牧口常三郎与户田城圣。教义主要受佛教日莲宗的影响，以传播法华经思想，实现世界和平等为宗旨。1962 年创设公明政治联盟，在两年后成立公明党参与日本政治。

[4] 以解放包括部落民在内的所有受歧视人群为目标的社会运动团体，设立于 1946 年，前身为 1922 年在京都成立的全国水平社。部落问题是指明治后长期存在的，针对一部分原贱民或朝鲜人聚居区居民的系统性歧视现象。

[5] 全称为旅日朝鲜人总联合会，是一个位于日本的朝鲜人组织，自我定位为朝鲜民主主义共和国的"旅日公民团体"。由于朝鲜民主主义人民共和国与日本并没有建立正式的外交关系，此组织被认为在事实上承担着维持日朝两国外交关系的角色。另一方面，由于一些成员曾涉嫌作为谍报人员参与多项反日活动，该组织被日本公安厅列为"有过暴力主义行为前科，未来有再犯可能性的团体"之一。

学（教授会）自治……这些非难往往打着推进全球化的旗号。到了 2000 年，这些个别社会、中间势力基本已尽数瓦解。加之小泉上台之后，将所有与之对抗的势力称为"守旧派"从而否定了它们。

让我试着回顾一下到那时为止的经过。刚才讲到丸山真男在 1960 年目睹了群众广泛参与抗议游行，认为市民社会已经在日本成形了。然而实际上，正是在这个节骨眼上，发生了与之相反的事件。在与安保斗争相同的时期里，存在着巨大的劳动争议事件（三池斗争[1]）。这场运动失败的结果，是工会运动，乃至一般意义上的社会主义运动的退潮和弱化。

包括我自己在内，新左翼中存在以学生运动的视角来理解安保运动的倾向。这也是因为新左翼基本上不是别的，就是学生运动本身。然而，安保游行之所以规模空前，并非由于学生的参与，而是工会，也即总评[2]的缘故。国劳尤其作用重大。事实上，国铁的政治性罢工对于政府的打击是极为深重的。因此，如何才能搞垮国劳，后来成了国家与资本的课题。

当然不止国劳是他们的问题，日教组也是问题。这些"中

---

[1] 指 1959 至 1960 年发生在九州地区三井三池煤矿的大规模煤矿工人罢工斗争事件。为反对三井矿山公司以经营合理化目标而做出的裁减工人方案，三池工会组织了全面罢工与之对抗。在罢工过程中，日本财界各方倾全力支持三井矿山，而日本劳动组合总评议会（总评）则全面支援三池工会，故而运动被三池工会称为"总资本与总劳动的对决"。罢工持续将近一年之久，历经工会内部分裂、警察的武装介入和总评的妥协，最终以工会方面的失败告终。
[2] 全称为日本劳动组合总评议会，成立于 1950 年，是日本各类工会的全国中心。1989 年后与全日本劳动总同盟等四个全国中心合流，发展为日本劳动组合总连合会（简称为"连合"）。

间势力"存在于各地和各领域，然而在安保斗争以后，日本的国家和资本势力开始试着以"胡萝卜加大棒"政策来压制它们。这样的政策其实是奏效的。到了1970年代的学生运动，也即"全共斗"运动的时候，学生虽然展开了活动，然而除了三里塚斗争[1]之类的例外，这些活动几乎完全没能与工人运动产生联动，也完全未能与农民运动串联起来。

从这点上说，法国等地的1968年革命是非常不同的。法国的1968年倒不如说跟日本1960年安保斗争中的状态比较类似，参与者有工会，有共产党，也有社会党。夹杂在这些之中的，是学生的先锋运动。那并不是学生群体的单打独斗。可以说正是女权主义者、少数族裔等种种彼此对立的势力四方辐辏，才有了1968年的革命。当然，那也是基于城市公社运动的传统而存在的，而日本则不具备那样的传统。

但是我感觉，1960年的时候那种氛围还是非常浓厚的。也难怪丸山真男他们会如此感慨万分。但到了1968年，运动中便缺少了1960年时存在的一些事物，那便是"中间势力"。因为在这段时间里，在安保斗争中吃了亏的日本资本与国家势力，铆足了劲要把它们给悉数铲除。然而看一下1980年之后的情况会发现，或许"中间势力"仍在日本残存着。比如1990年以后，新自由主义一词开始普及。但事实上在1980年

---

[1] 指1960年代后半以来，为反对在千叶县成田市农村地区建设新东京国际机场（通称成田机场）而进行的一系列斗争活动。斗争的参与者除了在该地拥有农田的当地农民以外，还广泛包括各派新左翼运动家，尤以中核派与第四国际日本支部为主。直到2021年7月，作为反抗主体的三里塚芝山连合空港反对同盟仍在进行活动。

代，新自由主义便以里根主义、撒切尔主义的形式出现了。它在日本的代表则是中曾根首相。他主导了国铁的民营化改革，而这实际上便是国铁工会（国劳）的解体。国劳既然是劳动总评议会（总评）的核心，那么其解体便意味着总评的解体。到了1990年，总评便消亡了。于是，长期以来得到总评支持的社会党也就消亡了。

紧接着发生的，是对日教组的打压，以及教育系统受到的管制。所谓的大学民营化实际上是大学的国营化。到那时为止，即便是国立大学也是自治运营的。也就是说，那属于一种封建式的中间势力。民营化了以后，这一自治集团便瓦解了。私立大学也是一样。随着国家增加对大学的财政援助，国家对大学的控制也增强了。

再来，特别值得一提的，是随着公明党[1]参加联合政权而实现的对创价学会的收编。创价学会多年以来倡导大众福利和反战，而在成为执政党后对这些主张开始有所保留。这样一来，宗教界的中间势力也受到了压制。还有一个遭压制的就是部落解放同盟。部落解放同盟的活动不仅仅针对部落，他们还支援所有遭受差别待遇的少数群体的抗争运动。另外，他们还具有抑制右翼的力量。可以说正是解放同盟变得无力化之后，歧视性的运动才开始纷纷出现。

---

1 由创价学会所支持的日本政党，是符合日本法定立党条件的唯一宗教政党，曾在1993、1994年间参与非自民、非共产八党派联立内阁，后又于1999年开始参与小渊第二次改造内阁，并自此与自民党长期合作。除去2009至2012年政权更替后的下野期间，公明党长期作为执政党的一员参与日本政治。

在1990年代里，上述这些中间势力纷纷在媒体的宣传活动中受到攻击，它们被指责是封建的、不合理的和低效的存在，会导致在与外国的竞争中失败。这些非难很难反驳。说实话，大学的教授会是很陈腐，而国铁的服务也确实糟糕。解放同盟也因为纠弹斗争[1]而恶名远扬。值得批评的问题确实数不胜数，想要为之辩护难如登天。

然而应该要指出的是，"中间势力"本来就是这样的存在。比如在孟德斯鸠看来能够作为中间势力保全民主主义的贵族和教会，也都并不是什么好东西。这些势力在法国大革命中尽数瓦解，也是在所难免的事。一旦人们众口一词加以责难，他们也就难逃土崩瓦解的命运。但这样一来，能够抵御专制的社会集团便也不复存在了。

到2000年，日本的中间势力已基本全部瓦解了。这时小泉政权便得以粉墨登场。他把那些中间势力的残党称为"守旧派"，力图将之清除殆尽。刚才提到在孟德斯鸠看来，没了中间势力，社会便会成为专制国家。从这个意义上可以说，进入本世纪之后，日本便成了一个专制社会。那么在何种意义上我们可以这么认为呢？其中一个明证便是，日本社会不存在示威游行。

---

[1] 指部落解放同盟相关人员所采取的一种斗争方式。一旦认定某行为涉嫌歧视，同盟人士会召唤行为的实施者及其上级，以确认事实的名义加以严厉谴责，令其进行自我批判、纠正对部落问题的认识，并对歧视进行谢罪和补偿。由于过程漫长且手法严苛，纠弹斗争往往使实施对象产生心理阴影，乃至罹患精神疾病。这使得同盟的外部支持率急剧下降，并招致运动的退潮。

7

如今这个专制社会，并非什么专制君主或者军事独裁者所统治的社会。与那种专制国家相比，日本既有国民主权的体制，又实行代议制民主。那为什么这是一个专制国家呢？为了了解这点，我们有必要思考一番代议制民主。在这种制度里，国民能够通过大选来决定立法和行政的权力。但实际情况又是如何呢？

在代议制中，每个人都可以参与投票。但在投票时，每个人都舍弃了其作为具体的个别社会存在，仅仅作为抽象的个人而存在。人们各自在密室一般分隔开来的地方，在选票上写下名字，他们不能与其他人接触。按照刚才的图示来说的话，人们都是处于 4 的状态。

那么作为主权者的国民，到底身在何方？在代议制中，国民仅仅是以"支持率"这样的形式存在的。那是一种经过统计学方式处理的"幽灵"一般的存在。比如在电视节目行业，收视率占据支配地位。我们并不知道具体谁在看电视，但统计学式的数据却支配着其运转。

国民虽然是主权者，但无论哪里都并不存在明确的个人。存在着的只有像收视率那样看不到真人的支持率。每个人各自从被给予的几个候选人和政党中进行选择。然而，这真的是政治参与吗？每个人可以做的仅仅是选出一个代表而已。照孟德斯鸠看来，代议制是一种贵族制，甚至是寡头政治。与此相对，他认为民主的本质在于抽签。也就是说民主制所要求的，是行政中权利在事实上的平等。

代议制其实是贵族制乃至寡头制，时至今日，这一点反倒更为露骨地展现出来了。比如日本有权势的政治家许多是官二代、三代或者四代。他们都是各个地方上的豪强显贵那样的人物。在这一点上，现在其实跟德川时代没什么不同。甚至德川的时候还更好一点呢。德川时代虽然也世袭，实质上却是基于养子继承制的。此外在幕府老中的选拔标准上，相比各藩的规模和等级，更看重的是大名的个人能力。相比之下，现在的代议制又如何呢？现在的首相连"未曾有"的读法都不知道，这可真是未曾有之事。当然了，即便会读也没什么两样，因为他只是照读官僚写的稿子罢了。也有些政客因为批评官僚而收获喝彩，但到头来，他们也只是追随其他政府机关和官僚所做出的决策。因此，当前的日本已经被国家官僚和资本完全控制，故而可称为专制国家。

那么我们要如何才能逃脱专制国家的摆布？一言以蔽之，就是要去寻求代议制之外的政治行动。前面已经说过，代议制不过是可以选择代表的寡头制，并不是民众可以参加的民主制。我认为民主并非议会政治，而只有通过游行这种议会外的政治活动，民主才有可能实现。有些人会说，既然已经有了议会选举，那么再想以游行来改变政局，便是违背了民主。然而如果仅有议会制度，民主便是不可能的。事实上，美国也总在发生抗议游行。他们的选举运动本身就是类似于游行的活动。正是游行一类的行动，维持着民主制的运转。

1960年6月，在首相官邸连日遭到大规模的示威群众包围时，岸信介首相曾这么说道：在后乐园球场里，看球赛的观众可有好几万呢。他言下之意是，这些"无声之声"全都是我的支持者。诚然，参加游行的人只占少数。就算参加者再多，跟电视节目的观众数量比起来，也不过九牛一毛。但是，只要有这样的游行，就可以说作为主权者的国民是存在的。因此，在其他国家里，人们不仅去选举，还会去游行。在日本则没有这样。刚才已经讲过，这是因为中间势力、个别社会已经瓦解了。这才出现了如今否定游行的风潮，认为去游行是幼稚、愚蠢的行为。

另一方面，如今不少人即便想要游行也做不到，他们不知道应该怎样做才好。1960年代的日本之所以游行频仍，是因为工会势力强大。以工会为核心，为数众多的团体和个人才得以聚集起来，对于私人化了的个人（类型3）来说，仅仅是去参加游行这件事便已意味着巨大的跨越。至于4那种原子化类型的人，则根本不会去游行。因为他们觉得公共事务与己无关。他们关心公共问题的时候，也就只有针对外国的民族主义情绪被煽动起来的时候了。但是在日本，那也不会以游行的形式公开化，只会在网上闹闹罢了。

那么，作为个体的日本人是否天生柔弱不堪，是不是精神上就有这样的特征？我觉得不是的。无论在哪个国家，从团体中剥离的个体都会是弱小的。相反，参与"个人与国家之间的自主团体"，也即合作社、工会和其他各种联合体（association）的个体则是强大的。常有人说日本人在外国会聚在一起。但是并非如此。日本人其实是不喜欢团结的，反而更想要跟外国同化。因此他们作为个体十分弱小。一旦有个事情也只会暗自流泪直到入眠。而别的国家来的移民则不然，他们之间关系紧密，并拒绝被同化。因此，他们作为个人也是非常强大的。

2那种类型，也即积极参与结社的个人并非从来就有的。他们毋宁说是在结社中形成的人们。也就是说2的类型并不只是纯粹的市民，而总是属于某个联合体的。相反那些私人化的个人由于彼此孤立，因而在政治上只能是十分脆弱的。

8

刚才讲到过，对于日本人之所以不去游行的现象，有些人将其怪罪于大众社会和消费社会，也有些人认为那是因为现在已经有网络等其他政治活动和发言的手段。然而这些情况在其他发达国家同样存在，无法专门用来说明日本的情况。比如在那些2的类型（倾向于结社的个体）原本就很多的地方，互联网可能会具有推动人们结社的功能。然而像在日本这样的地方，互联网却只能促使"原子化的个体"类型不断增殖。

那些匿名发表意见的人们不会在现实当中与他人接触。一般来说，匿名状态下得到解放的欲望一旦与政治相结合，我们就要警惕这些力量加入排外的、歧视性的运动之中。因此，在这个过程中出现的，从政治上来看便是法西斯主义。然而这也是情理之中的事，除了听之任之别无他法。在2channel[1]上，

---

[1] 2channel，日本代表性的匿名网络论坛，由西村博之创建于1999年。

你是不能尝试去说服别人的。这一空间或说结构规定了其中的主体。最好的证据便是，一旦人们脱离匿名状态，他们的意见就会变得不一样。

因此，我们不能从社会学的观点来说明现代日本的状态，而应将其看作政治上的失利导致的专制国家状态。而只要事情确实如此，我们就有可能改变这一状况。谋求改变才是关键的问题，为此，我们需要去形成个别社会，组成联合体（association）。无论什么样的结社当然都没问题。那也可以是小规模的集会（寄り合い）、交流会（連絡会議）一类的形式。如果没有这些团体，个人就只能是十分弱小，变成3或者4那样的类型。

最后，我想谈一下在这个问题上作为日本的例外情况的冲绳。美伊战争时，冲绳也爆发了大规模的游行。这并不奇怪，冲绳是有美军基地的地方，而且冲绳还一直受到国家的不当对待。但是，这些并非他们去游行的全部。

琉球是明治之后被纳入日本统治的。冲绳并没有所谓的"德川时代"。因而自主的共同体氛围在冲绳依然很浓厚。直到如今，像模合（もやい，类似日本本土的赖母子讲[1]）这样的信

---

[1] 赖母子讲（たのもしこう），又叫无尽（むじん）、无尽讲（むじんこう），冲绳等地称为"模合"，是一种存在于日本民间的互助性金融制度。在其基本形式中，首先需确定参加的固定会员，每位会员每次缴纳一定金额出资，该笔资金由会员之一全额获得。这一过程反复进行，每次由不同会员轮流获得全部出资，直到所有人都领过为止。此后再根据会员意向重新开始新一轮。从原则上看，所有会员的支出与收入是完全相抵的，但在某轮里率先获取出资的会员，相当于可以事先得到后来出资所需的储备金，该制度在这个意义上有着相互扶助的意义。

用制度依然在那里通行。另一方面，冲绳由众多岛屿组成，不同的岛相互厌憎。大家虽然在面对日本本土和美国的时候会同心协力，但平时就是另一回事了。不过，像这样大家都属于某些个别社会，属于这种"具有成规的自律社会"的情况，是不是反倒是给了每个个体以巨大的力量呢？我是如此认为的。

以前，这一主张用在京都的情况上也是成立的。比如说在东京，学生运动和游行在1970年代前期便已偃旗息鼓，然而那在京都却持续到1980年代。京都之所以如此，是因为那里还留存着一些城市共同体的传统。这并不总是"进步主义"式的东西。包括寺庙及受歧视部落在内，京都那时明显存在着多种多样的中间势力。然而1990年以后它们逐渐没落，才终于成了今天这副光景。

我之所以要谈游行，当然不是为了号召通过游行来发动革命，也不是要倡导以游行来改变社会。我要说的是，游行的行为本身便是有意义的。游行的存在，最清楚不过地表明了一个国家不是专制国家，而是贯彻民主的。最后，我想再重新思考一下"游行究竟是什么"这个问题。

日本宪法的第二十一条中有"集会、结社、表现的自由"，却并没有出现游行这个词。这是因为游行被包括在集会（assembly）之中了。然而在日本，人们习惯于区别游行和集会，就有了不必要的混乱。像是有人以为集会允许但游行不可以。为了避免这样的混乱，我想不用游行或集会，代之以assembly这个词。事实上，议会同样也是assembly。

assembly就是"聚集"的意思，用日语来说的话就是"寄り合い"（集会）。近代以前就有集会了。不仅在日本，无论在何处，都是自古以来就有集会的。它到后来发展成了议会（assembly）。因此，游行、集会和议会是同源的。卢梭曾说道："只有在 assembly 里，人民才能作为一个主权者来行动。"（《社会契约论》）这里的 assembly 不是代议制的议会。这是因为，代议制议会已经失去了"团伙"所具有的直接民主的要素。照卢梭看来，代议制下的人民只有在投票时才成为主权者，在那之后便沦为奴隶了。"所谓的'代表'是一种现代才有的东西。在古代的共和国，乃至在君主国里，都绝对不存在什么人民大众的代表者。"

刚才讲到，代议制是一种类似于贵族政治的东西。那么，卢梭所讲的那种人民作为主权者参与的 assembly，或者说直接民主，究竟在哪里存在着呢？如果以为那是古代雅典的民众大会之类的东西，可就搞错了。那只有少数市民才能参加，占多数的女性、奴隶和小孩都被排除在外。顺便一提，苏格拉底遵照代蒙（daimon，精灵）的叮嘱，不去参加民众大会，而是在广场（agora）上跟人讨论问题。或许，只有在那里才有真正的民众大会，有真正的直接民主。

卢梭曾说："无论在什么时代，人民的 assembly 总是统治者的畏惧之所在。因此为了不让聚集起来的市民好过，他们会在在处心积虑，不择手段，极尽检查、妨碍与干扰之能事。"（出处同前）卢梭虽然没有明说，但是这种人民的 assembly，除了街头的游行、集会之外没有别的可能性了。事实上在日本，游行一直都受到阻碍与讥诮。为什么？因为那里才有真正的 assembly，那才真是"统治者的畏惧之所在"。

总之在日本要实现民主，除了进行游行之外别无他法。这并非意味着游行就能改变社会，而是若不游行，日本社会是不可能改变的。

秋幸或幸德秋水

1

我已经很久没有思考文学相关的问题了。今天在中上健次逝世二十周年的纪念活动上，我想试着就中上的文学，以及自己所从事过的文学批评做一些回顾。

我在1970年代后半写了《日本现代文学的起源》。如书名所示，这是一本想要探讨现代文学在日本之起源的著作，我想从明治二〇年代发生的一项认识论的"反转"中去寻找这一起源。其中一个问题便是"风景的发现"。这要怎么理解？风景是古来就有的，特别是在中国和日本的文学和美术中，一直都有对自然风景的描绘。这么说来，还有必要特地去发现风景吗？或许有人会产生这样的疑问。

确实，风景一直都是绘画中的主题。然而在西方，那不是作为风景，而是作为耶稣诞生等故事的背景被描画的。单纯画风景，或是花卉、器物的情况，在西洋美术史中是晚近才有的事情。那么，在东洋又是如何呢？在中国，自古以来就有描绘自然风景的作品。但是，山水画中的山水并非单纯的自然对象,那其实是一种宗教性的对象。山水画中所画的,其实是作为理念的山水。所以如果跑到欧洲的美术馆,就会有无数描绘耶稣、天使之类的绘画,多得看到不想看;同样在东亚,描绘山水的绘画作品也是数不胜数。

然而,我所说的"风景"在山水画中还未曾出现。我说的"风景",是指绘画褪去了宗教性框架,风景不再仅仅是背景之后得到发现的东西。就比如在去掉天使后,看到背景里的风景的时候。换句话说,从来被视作关键之物,与被视为从属的、无足轻重之物的排序发生了颠倒。

我这里是以美术为例,而在《日本现代文学的起源》里,我是写文学中发生的这种颠倒。其典型便存在于国木田独步的《难忘的人们》一书中。他眼中的"难忘的人们"并非那些不能忘掉的重要人物,而是那些没有意义、无足轻重,但却令人怎么也忘不掉的人们。这与其说是一些人,不如说是一些构成"风景"的人们。

这个作品的主人公在旅馆中结识了秋山这个人物,给他看了题为《难忘的人们》的文稿并与其交谈。两年后,他续写了这篇文稿。"难忘的人不是秋山,而是那间旅馆的主人",文章以这样意外的语句收尾。这里存在着一种反讽性质的恶意,企图颠倒重要与不重要事物的价值顺序。风景便是在这样的颠倒中得到发现的。也就是说,风景之得到发现,并非通过关注外在对象,毋宁说是通过从对象面前背过身,朝向内在之人的方式。

那么,为什么会出现这样的"内在之人"呢?而那又为何是在明治二〇年代出现呢？在思考这个问题时，我们不能仅仅停留在文学和艺术这样的范围内。但是，在写《日本现代文学的起源》一书时，我并未充分考察其历史背景。当然，对此我并非不了解。一言以蔽之，内在的人之产生源于政治上的挫折。但是，仅仅这个因素还不足以完全说明他们之所以会在明治二〇年代出现。

最早具有现代文学那种内在性的文学家是北村透谷。在明治一〇年代中期，当自由民权运动退潮，自由党左翼开始组织炸弹袭击活动的时期，透谷从该党中退出了。然而透谷试图用文学想象力来与现实的政治世界展开对抗。用他自己的话来说，是用"想世界"来对抗"实世界"。对他而言这便是文学。在1960年代，把透谷视为现代文学的起源是种很流行的看法。我也并不反对这种认识。只是到了1970年代中期时我发现，日本现代文学并非确立于透谷那种反转，而是基于国木田独步式的反转成立的。

北村透谷也试图用"想世界"或曰概念世界来反转现实世界。然而，这种反转与前面提到国木田独步那种讽刺性的反转不同。比方说，透谷虽然是内在性的，但这并不意味着他不介入现实。恰恰相反，他在中日战争之前就展开了和平运动。那是日本第一个以康德的"永久和平"构想为基础的运动。

另一方面，国木田独步的内在性又是怎样的呢？独步在甲午战争期间担任军事记者，在民族主义浪潮中大受欢迎。但当战争结束后，他无事可做，于是去北海道寻求一个"新世界"。他正是在那里发现了风景。他如此说道："社会在何方？

人类傲然传颂的'历史'在何方？"（《空知川畔》）然而这其实是一种欺骗。正如空知这个地名所表明的那样，独步所去的地方，是阿伊努人历史上的定居地。北海道开拓不仅仅是"拓荒"，还是通过杀害和同化阿伊努人实现的。然而，正是通过忽视这些不该被遗忘的重要之事，"难忘"的风景才得以被发现。

独步去北海道时本来打算在那里长住，但他很快便改变了主意回到东京。然后在郊外的武藏野地区，也就是今天涉谷的道玄坂一带，他发现了"风景"，那是在一个毫不起眼的灌木丛中发现的。此后，武藏野由于这部作品的缘故而出名了，于是他在写作这篇作品时所带有的讽刺或说恶意，也便渐渐遭人遗忘了。

有一种"反转"，存在于发现这样风景的过程中。然而，这并不是像透谷的情况那样，通过与社会的激烈冲突而造成的反转。在国木田独步所带来的反转中，什么是第一性的、重要的，什么又是次要、琐碎的，两者在排序上被倒转过来了。这一点也适用于言文一致的问题。直到明治二〇年代，"文"（文语）更重要，"言"（口语）则居于从属地位。今天，人们会认为言文一致指的是用口语来书写。然而，只有对于旧江户居民才真是这么回事。对于其他地区的人来说，言文一致的"文"跟他们的"言"可是相距甚远。

换句话说，言文一致所创造出的明明是一种全新的"文"，但这种文却使人以为那是基于"言"而成立的。因此与风景的发现类似，言文一致是一种反转，但与此同时，它又令人意识不到那是一种反转。形成于明治二〇年代的这种现代文学装置，正是这样一种令人产生错觉，让他们以为其存在不言自明的东西。

事实上，透谷的所有著作都是用言文一致运动之前的文语体写就的。在这个意义上，他并非一个站在"日本现代文学"起点上的人物。同样地，包括樋口一叶、森鸥外、夏目漱石等这些明治二〇年代的主要文学家，其实都对言文一致抱着拒斥的态度。他们不是拒绝"现代"，而是对"日本现代文学"感到有些违和。在这个时候，二叶亭四迷在明治二〇年代初期最早写出了言文一致的小说《浮云》，但在那之后他便搁笔了。他后来重操旧业写起小说（《面影》），已经是明治三十九年的事了。

2

刚才说到，我在"明治二〇年代"看到了日本现代文学的起源。然而我后来改变了想法。当然，并不是说弄错了时代。只是我开始认为，我们不能把那看成是"明治二〇年代"。说"明治二〇年代"，意味着仅仅在日本的语境中探讨问题，而将这一时期与其世界史背景割裂开了。

明治二〇年代就是西历的1890年代。换言之，那是所谓"世纪末"的时代。此外，这也是一个帝国主义盛行的时期。中日战争（1894年）以及日俄战争（1904年）都是当时发生的。然而放在"明治"这个框架里看的话，就成了日本在西方列强的支配性力量之中发展工业和军事，取得日俄战争胜利，并修正了德川时代缔结的种种不平等条约，成了这么一个感人的故事了。这也就是像司马辽太郎《坂上之云》所代表的那种认识方式，虽然司马本人对此是反对的。而在文学领域，当我们说现代文学在明治二〇年代成立，这就是采纳了日本文学自明治维新以来逐步实现现代化的那种叙事。

然而，1890年代，正是日本在世界帝国主义的条件下转向帝国主义的时期。换句话说，我在《日本现代文学的起源》中描述的内容发生在帝国主义时代。从这个视角出发重新审视，便不难看出明治二〇年代的"现代文学"是何以确立的了。这一时期代表性的理论家，是写作了《小说神髓》的坪内逍遥。他因在该书中提倡现实主义，批判马琴的那种劝善惩恶观念而为人所知。然而，他为何要在这一时期批判德川时代的作家马琴呢？是因为他想批判陈腐的儒家道德吗？当然不是。

在思考这个问题时，有必要了解一些政治背景。明治一〇年代发生了自由民权运动。到明治十四年政府承诺会在十年后开办议会之后，自由民权运动逐渐落幕。运动中的激进派此后虽仍继续抵抗，但许多活动家逐渐从"民权"派转而成为"国权"派。正是在这一时期，有人从激进派所遭遇的挫折之中脱身离退。这便是前面提到的北村透谷。对他而言，内在性并非讽刺或逃避，而是自由主义民权运动在另一种形态下的延续。

然而，"日本现代文学"的形成却朝向了不同于透谷的方向。比如，逍遥所说的现实主义，是将自由民权运动的理想（理念）视为一种假象。具体而言，他所谈的劝善惩恶小说不是指马琴的小说，而是自由民权运动时期广为阅读的政治小说。逍遥所想要拒斥的，正是这样一种政治性的"理想"。因此，他提倡的"写实主义"（现实主义），包含着对这种理想主义政治进行批评的意思。

很明显，坪内逍遥所倡导的"摆脱理想"是自由民权运动终结时代的一种态度。事实上，逍遥与大隈重信有着密切的关系。他甚至被大隈所创立的东京专门学校（即后来的早稻田大学）聘为讲师。当然，逍遥并不支持帝国主义。帝国主义也是另一种类型的"理想"嘛。然而，帝国主义是对现实中弱肉强食状态的肯定，在这种情况下，采取"摆脱理想"的态度，便是从旁支持帝国主义。

另外我们前面提到，当处于帝国主义的现实之中时，国木田独步则采取了一种反讽的态度。这自然不是在迎合帝国主义，但那也不构成抵抗。这个判断，对于以独步为创始者的整个日本自然主义文学都是成立的。在法国和美国，自然主义文学实际上都与社会主义有所联系。然而在日本，情况却并不如此。

大逆事件之后，石川啄木写了一篇题为《当前时代的停滞现状（强权、纯粹自然主义的终结及对明天的思考）》（「時代閉塞の現状（強権、純粋自然主義の最後および明日の考察）」）的评论。石川认为自然主义文学与国家之间看似相互对立，实则不然。他说，"日本的年轻人从未与国家的权力做过任何斗争。因此，国家成为我们之怨敌的情况也还从来没有过"。

但实际上，明治一〇年代里既有"与强权斗争"的运动，也有像北村透谷那样，想要通过文学来将其实现的意愿。日本的自然主义传统并非是对其的延续，而是通过对其的否定而成立的。如果说前者是"现代"的，那么后者便已是"后现代"的了。这种事物不可能对帝国主义的进展"进行斗争"。尽管如此，对"时代的停滞现状"进行"盲目的反抗"也是荒唐的。因此，啄木写出了如下的文字。这里他所说的"敌人"指的是帝国主义。

所以现在，为了摆脱这种自我毁灭的状态，我们青年必须要意识到我们敌人的存在。这不是因为我们想这样做，也不是因为任何其他原因，而是因为那是不可避免的。我们必须首先一同奋起，向我们时代目前的停滞状态宣战。我们必须舍弃自然主义，弃绝盲目的反抗和对元禄时代的怀念，把我们所有的精力投入到对明天的思考——也即投入到对我们自己时代的系统性思考中去。

3

我之前提到，日本在明治二〇年代转向了帝国主义，而日本现代文学的主流就是在这一时期形成的。比如说在明治维新的几年以后，维新的元勋（大久保利通、伊藤博文）等一行人去了欧洲考察。正是在那个时候，普法战争爆发，普鲁士取得了胜利，而法国则发生了巴黎公社起义。这些导致他们转而以普鲁士为自身榜样，不再效法法国和英国。

明治日本的政治进程与欧洲动向不无关系。自由民权运动大致上便是以法国和英国的理论作为基础的。中江兆民、西园寺公望是法国派，而英国派则以福泽谕吉和大隈重信为代表。他们最终被普鲁士派（伊藤博文和山县有朋）所压制。然而普鲁士派之所以获胜，也是源于现实中德国打败了法国，成了一个可以与英国相抗衡的国家。而英国人则在1882年占领了埃及。"帝国主义"氛围渐浓，正是发生在这一时期。

前面我讲到，日本的自由民权运动是随着1881年颁布的开设国会之勅谕落幕的，而这件事也需要在全球背景下重新思考。那之后的1889年颁布了帝国宪法，随后次年召开了帝国议会。但这一时期的日本与其说是在建立现代国家的外观，不如说是正要加入"帝国"之列。我们要注意，"日本现代文学"正是在这样一个时期确立的。

附带说一句，我之所以说这个，是因为我认为这不只是陈年旧账。人们一般会认为，帝国主义是19世纪末出现的资本主义的一个阶段。这样看问题的时候，帝国主义便只是过去的事物。同样，在这一时期成立的日本现代文学，也便成了过去的事物。

然而，我不把帝国主义看成在19世纪末自由主义之后出现的一个阶段。相反，我认为"自由主义"阶段和"帝国主义"阶段会周期性地反复上演。在这点上我沿袭了沃勒斯坦的想法。在他看来，自由主义是霸权国家采取的政策，而所谓帝国主义，是旧的霸权国家已经衰落，而新的霸权国家尚未确立，各国围绕这一地位展开斗争的状态。

在沃勒斯坦看来，现代世界经济中，仅有三个国家曾经掌握过霸权。它们分别是荷兰、英国和美国。举例来讲，自16世纪末到17世纪中叶，荷兰是一个自由主义国家。当时的荷兰在政治上是一个共和国，而不是绝对君主制国家。荷兰没落之后，英国成了掌握霸权的国家，这发生在19世纪上半叶。

根据沃勒斯坦的观点，一个霸权国家的建立，首先是基于制造领域的主导地位，其后则是基于商业和金融领域的主导地位。想要同时在这三个部门都成为主导是很难的，且只能维持很短的时间。这就意味着，在丧失了制造部门的霸权后，依然可能维持商业和金融部门的霸权。例如，荷兰和英国在生产方面衰弱后，都在很长一段时间内保留了商业和金融方面的霸权地位。美国自1990年代以来的情况也是这样的。

"自由主义"是占据绝对霸权地位的国家所采用的经济政策。如果我们这样来看问题，那么很明显，美国在1970年之前是自由主义的。正如美元兑换黄金制度的停止所显示的那样，从经济上看，美国从1970年代开始就处于没落的边缘。荷兰和英国过去也经历了同样的进程。就是说它们虽然在制造业领域已经衰落，但在金融和商业领域（石油、粮食、能源资源等）仍然掌握着霸权。

另一方面，"帝国主义"并不仅仅是指19世纪末的状况，荷兰在没落之后也同样如此。此外，19世纪末的帝国主义，也并非列宁所定义的那样，而应该看作英国丧失霸权后，美国、德国、日本等国开始争夺其继承者地位的阶段。从这样的观点看来，1930年后美国掌握霸权的时期是"自由主义"时期，而1990年后美国开始衰落的时期则是"帝国主义"时期。

因此，"自由主义"和"帝国主义"阶段呈现交替出现的态势。就我所见，它们各自都经历大约60年的周期。所以我们可以说，现代世界的历史每隔120年就会出现一次相仿的情况。虽然不知道今后这一情形是否仍会继续，但我认为这是一个具有启发性的假说。

4

从这样一种周期性的视角来思考，我们便可以看到明治二〇年代和当前的相似之处。首先必须指出的是，在1990年之后渐趋壮大的新自由主义并非自由主义性质的，而是一种帝国主义。因此，它更应该被称为新帝国主义才对。

英国在开始失去霸权的时候转向了帝国主义。在当时，一种新的意识形态取代了从前的"自由主义"成为主导观念，那便是社会进化论（斯宾塞），一种对达尔文的自然选择理论（适者生存）在社会领域里的应用。社会进化论构成了"帝国主义"的意识形态。那么，1990年代的"新自由主义"又如何呢？那不是"自由主义"，而是类似于过去那种帝国主义的东西。比如像责任自负、人赢和卢瑟这样的词汇开始横行于世。新自由主义的意识形态，说到底不过是帝国主义意识形态，也就是社会进化论罢了。

早在霍布森和列宁的帝国主义论之前，幸德秋水便写下了

《20世纪之怪物帝国主义》(1901)。在当时,帝国主义其实是一个得到人们肯定的观念。在英国,像吉卜林这样的诗人便曾写诗称颂帝国主义。幸德秋水却称其为"怪物"。然而秋水所批评的,其实是俾斯麦所代表的普鲁士帝国主义,而并非英国。英国真正握有世界霸权的时期并不是帝国主义的,而是自由主义式的。秋水对此心知肚明。比如他写道,无政府主义政党在欧陆和美国蔓延甚广,而"英国在社会制度改革上用心良多,故得以免受其猖獗之害"(《无政府党的制造》)。

换句话说,当英国是"自由主义"的时候,各种社会政策得到实施,工会势力强盛,合作运动繁荣,乃至存在着像"劳工贵族"这样的叫法。然而在进入帝国主义时代之后,这样的社会政策被取消,贫富差距日益加剧。然而,以福泽谕吉为首,视英国为榜样的日本思想家们,要么没有意识到这些变化,要么就是故意忽视。

幸德秋水对福泽谕吉的《修身要领》有过评论。福泽的"修身要领"旨在提倡个人的独立与自尊。幸德秋水一方面赞扬了福泽对个人自由主义的倡导,但同时又指出这已经无法通行于当下的情况。他说,独立、自尊已成了利己主义,而自由竞争则已化为弱肉强食。

最近,宫崎学写了本名叫《"自我启发病"社会》的书。在宫崎看来,自1990年代以来,日本出现了"自我启发"书籍的热潮。这一类书很早以前就有,但在内容上却发生了变化。1980年代流行的是帮人进行"自我开发"的书籍。这些"自我开发"类书籍虽然也宣扬改造自我,但那是一种为了集体的扩张而进行的自我完善;而"自我启发"书则不同,劝导人们以自我为中心进行积极的思考,积极考取资格证书和提升技能。宫崎认为,"自我开发"是泡沫时代的意识形态,而"自我启发"则是与后泡沫时代,特别是与小泉纯一郎的新自由主义相联系的意识形态。

此外,宫崎学指出,"自我启发"书的作者们宣扬自助精神,并一致推崇斯迈尔斯的《自己拯救自己》。事实上,这本书在1871年由中村正直以《西国立志编》为题出版,当年极为畅销。然而,根据宫崎的说法,斯迈尔斯其实是工人运动、合作社运动的支持者。也即对他来说,自助精神与互助精神是密不可分的。对他而言,"自助"精神意味着工人应当相互帮助,而不是依赖国家。换句话说,斯迈尔斯是在英国"自由主义"的时代写下这本书的。而今天人们却把它当作"新自由主义"的圣经来读了。但仔细想想就会明白,其实这本书在1890年代的日本便已被当作"帝国主义"的圣经阅读了。比如有人读后就主张,既然那些亚洲国家不能"自己拯救自己",那么它们即使被其他国家占领也是无可厚非的。

明治二〇年代,也就是1890年代,并非什么陈年旧事。今日东亚的地缘政治结构便是在这一时期形成的。例如,中国、朝鲜、韩国、日本,以及美国和俄罗斯的势力存在于如今的东亚地区,而这便是在甲午战争前后形成的状态。

首先在甲午战争时期,本就是大国的中国,又在鸦片战争后实现了军队的现代化,因而对日本构成巨大的威胁。其次,中日战争的直接原因,是朝鲜王朝的两派,也即主张开国的亲日派和主张锁国的亲清派之间的冲突。另外，台湾一地，是清朝在甲午战争后，作为赔偿割让与日本的。除此之外，美国也在这一时期毁灭了夏威夷王国，并跨越太平洋出现在东亚，这一点我们也不能忽视。当时美国与日本是联手的，比如在日俄战争后两国便签订了一个秘密协定，规定日本将占据朝鲜，而美国则得以领有菲律宾。

所以很明显，当今东亚的地缘政治结构是重复出现的。如今的东亚，正处于与甲午战争前夕十分类似的状况之中。日本一些媒体目前正热衷于煽动与中国、朝鲜及韩国之间的对立，这与明治二〇年代的情况是何其相似。第二次世界大战前的情况不是这样的，当时日本与美国相互对立，中国则遭到殖民处于分裂状态。如果我们将目前的情况比作第二次世界大战前夕，我们便无法理解现状，而且自然也无法了解过去。

5

到了明治二〇年代，帝国主义作为一种全新思潮在日本蔓延开来。作为直到明治一〇年代自由民权运动的理论支柱，中江兆民后来如此写道："吾若如斯言，则当世流行之政治家必洋洋自得而道：此乃十五年前陈腐之民权理论也。然今之欧美诸强所在，帝国主义渐趋兴盛，值此之际，若仍持民权理论，则不通于世界之风潮，而落后于流行也，云云。诚然，若作理论观之，民权论或确乎陈腐，然作为实践，则仍为新鲜。"（《一年有半》附录）。兆民的意思是，或许自由民权已经是种老套的理论了，但因为它还没被付诸实施，所以依旧富有新鲜活力。没有实现，所以就没有变陈旧。自由民权之所以看起来陈旧，是那些阻碍其实现的人们的错。

稍后我会再回到这个问题来，总之在当时，越来越多人开始认为，自由民权是一种老生常谈。这件事听起来好像只是件陈年往事，不过，只要试试看把"帝国主义"改成"新自由主义"，就会明白并非如此。有一阵子人们曾经齐声主张：社会主义只是一种老套的想法，只是一种叙事罢了。所有的历史概念全都是一种幻觉。这便是后现代主义。

但这并不是什么新鲜事。在明治二〇年代，也有人说过与这类似的话。这便是提倡"摆脱理想"的坪内逍遥。另外，也有人把之前被视为次要之物置于优越位置，代替那些曾经重要的事物，从而实现了反讽性反转的人物，这便是国木田独步。这些人并非帝国主义者。但他们不具备抵抗帝国主义的能力。用石川啄木的话来说，他们未能"形成与强权的斗争"。

中上健次于1992年去世。那是在苏联解体后一年。在这之后，发生了所谓的资本主义全球化进程。这换种说法，就是新自由主义的蔓延。所谓"中上逝世二十周年"，正是这一状况不断深化的过程。在此期间，中上健次所代表的那种文学消失殆尽，文学朝着村上春树代表的那种方向发展了。这在过去二十年中已变得很清楚了。

回过头看，这与北村透谷去世后日本现代文学形成的过程类似。之前我以国木田独步《难忘的人们》为例，指出其中存在着拔高"微不足道但令人难忘的事情"，以之取代"无法忘怀的大事"这样一种反讽性反转。这可不是什么陈年旧事。重又采取了这一反转的人，便是村上春树。

"你 20 岁的时候在做些什么？"
"那时我迷恋着女孩子呢。"1969 年，当时我 20 岁。
"那你跟女朋友后来怎么样了？"
"分手了呢。"(《1973 年的弹子球》)

村上并未隐瞒"1969 年"是个什么样的年份。不过，当它变得如此重要乃至不可忘怀之际，村上却对其进行了如上所示的反转。"1960 年"是安保斗争之年，大江健三郎从那个时刻向前回溯百年，写下了《万延元年的足球》。与之相对，村上则写《1973 年的弹子球》，这里的戏仿成分不言而喻。此外，村上还如此写道：

1960 年，是鲍比·维演唱 Rubber Ball 的那一年。(出处同前)

通过这样的讽刺，村上春树创造出一种"风景"。在那里，被认为重要与无关紧要的东西之间发生了地位的反转。但这并不是说，无关紧要之事变成重要的了。情况在于，重要与否的区别，或者说，形成这一区别之根基的理念，本身遭到了否定。

6

如果说村上春树在无意间延续了明治二〇年代的国木田独步，那么中上健次便是明治二〇年代偏离主流之物的延伸。他将主流之物称为"物语"，但那并不是狭义上的物语。他所谓的"物语"，简单来说，就是源自国木田独步的那种"现代文学"装置。不仅如此，中上从一开始便站在其对立面，并试图对其加以解构。从某种意义上说，他注定是要去这样做的。

为了思考这个问题，我想先来谈谈大逆事件。该事件虽说发生在明治四十四年（1911）。但其核心人物幸德秋水是中江兆民的学生，他的社会主义事实上继承了明治一〇年代失败的自由民权运动而得以成立。换句话说，那是对明治二〇年代形成的制度的反抗。因此，只要关注大逆事件，便能与日本现代文学的起源产生关联。

对于中上而言，大逆事件并不仅仅是众多主题之一，而是具有特殊的地位。他曾写道："我出生在战后的纪州新宫，第二次世界大战、太平洋战争对我来说就好像没发生过一样。说到熊野、纪州新宫所经历的战争，就只能是那个大逆事件。"（《物语的谱系　佐藤春夫》）

我认为这并非夸张的说法。在大逆事件中遭连坐的新宫集团，有医生大石诚之助、僧人峰尾节堂（临济宗妙心寺派）、高木显明（真宗大谷派，净泉寺）、杂货商成石平四郎、药材商成石勘三郎和农民崎久保誓一。其中，大石和成石平四郎遭处决，其余四人被判无期徒刑。值得注意的是，这些人或多或少都与新宫的受歧视民众解放运动有联系。

这次事件之后，整个纪州都遭到了歧视，新宫就更不用说了。更重要的是，新宫的受歧视者遭到了比过去更严重的歧视。其实，我一直要到中上死后，才意识到情况有多严重。我以前从未来过新宫，尽管他曾多次邀请过我。我第一次来，是在他去世的三天以前。只有在到了当地以后，我才终于开始理解新宫、熊野和大逆事件对中上而言是何等重要。

很久以前，在这个"熊野大学"的某次研讨会上，曾有一位听众指出了一件事，给我留下深刻的印象。他指出，在中上健次的《枯木滩》等小说中出现的主角"秋幸"，其名字可能是从幸德秋水那儿来的。我认为这是对的。中上从一开始便对幸德秋水抱有执念。

关于中上健次和大逆事件的问题，这个研讨会上讨论过很多次了。听说去年的研讨会也有所涉及。这也是因为去年是大逆事件发生后的一百周年。此外，中上年谱和评传的作者高津秀次，也出版了重新讨论中上与大逆事件问题的著作《文学家们的大逆事件与日韩合并》（平凡社新书）。

事实上，我自己去年也思考了幸德秋水及大逆事件的问题。但这并非是为了事件的百周年纪念。如前所述，我基于120年的周期来思考现代世界体系。然而我并不是从这点出发思考幸德秋水的。

真正的契机，在于去年发生的事件，也就是3·11大地震所引起的核电站事故。事故发生后，我立即想到了足尾铜山事件。首先，足尾铜山1973年被关闭，但在此之前，矿山产出的有毒废料已大量堆积。在3·11地震当天，新闻报道称足尾发生尾矿决堤，矿毒污染物又再度流入渡良濑川。其严重程度当然无法与放射性废物相比。然而这事让我痛切地认识到，120年前的废料居然到今天仍在造成危害。

第二个原因在于，这一事件是发生在与福岛接壤的栃木县和群马县的一个地区。第三，大量的矿毒物质释放到渡良濑川，导致上下游的居民被迫离开所居住的村庄。这些村民移居到北海道等地。第四，足尾铜山虽属私营，实际上却是一家国策私营企业。因此，历届政府总是隐瞒矿毒问题，用甜言蜜语和专横强权压制农民的反抗。

在这些方面，我认为福岛核事故与足尾铜山矿毒事件非常相似。足尾铜山事件在一些方面与日本现代文学有着深刻的联系。比如，夏目漱石所写的《矿工》（1908年）一书，便是以足尾铜山为背景的。由于漱石只是通过听人转述而写下这部作品，故而未能完全写出矿山的实际情况。然而他十分关切足尾铜山的事情，这点是一目了然的。

另一位与足尾铜山有着密切联系的作家则是志贺直哉。志贺的小说，可以说贯穿着他与父亲的决裂与和解这一主题，然而他们父子间的对立，其实与足尾铜山中毒事件有关。当时是学习院学生的志贺，曾试图去现场考察矿毒事件，但遭到了父亲的反对。这是因为他的祖父直道是前相马藩的家臣，曾与古河市兵卫共同经营足尾铜矿。在与父亲对立后，志贺直哉于1910年创办了《白桦》杂志。这发生在"大逆事件"的前夜。

不过，这些并不是我今天要谈的方面。我今天想谈的事与足尾铜山事件有着更加直接的关系。当我搜寻这一事件的相关资料时，发现了一些饶有意味的事情。其中之一，是组织反对矿毒事件的运动领导人田中正造（1841—1913）曾与社会主义者有着密切的联系。

自 1890 年以来，农民长期蒙受矿毒之害，被迫背井离乡、移居北海道，这些农民前赴后继地投入到决绝的反抗之中。站在这一队伍先头的，是当时任众议院议员的田中正造。1900 年 2 月，农民们策划组织了一场从群马县出发行进至东京的请愿示威（被称为"倾巢出动"），然而在途中，众多农民领袖遭到逮捕（川俣事件）。第二年里，辞去了国会议员的田中正造赶至明治天皇的马车前，向其递上了要求废止矿业的陈情状。据称在直陈天皇之前，田中曾试图与妻子离婚，做好了死的准备。然而他被当成了疯子，没有遭到指控。经此一事，再加上川俣事件的影响，足尾铜山矿毒事件成为一个重要的社会问题。

我特别关注的地方在于，写这封陈情信的人是《万朝报》的记者幸德秋水（1871—1911）。这里存在的一个问题是，一个无政府主义者去"向天皇陈情"，这真的合适吗？这个问题我们之后再讨论。让我们先说说另一位社会主义者荒畑寒村（1887—1981）。

田中正造委托寒村撰写谷中村的历史，该村由于足尾铜山的矿毒而遭到遗弃。寒村 20 岁时写下《谷中村灭亡史》（1907 年），这本名著至今仍收录于岩波文库丛书中。在随后的 1908 年，寒村便在"赤旗事件"中遭到逮捕。寒村是在幸德秋水的影响下成为社会主义者的,但在他服刑期间,他的恋人菅野须贺子与幸德秋水产生了恋爱关系。然而从结果上说,这对寒村却是一件幸事。大逆事件中,菅野密谋了暗杀天皇计划,幸德秋水受此事波及而遭到处决。而寒村则与大杉荣类似,由于当时正收监在狱中,得以幸免于难。

7

在思考田中正造和幸德秋水之间的关系时,我们不可避免地会想到明治一〇年代的自由民权运动,想到其理论领袖中江兆民。幸德秋水(传次郎)与中江兆民一样生于土佐,在大阪时成为兆民的学生,并担任他的秘书。兆民把自己的曾用雅号"秋水"赠予他。与之相似的例子,还有比如夏目金之助,他从朋友正冈子规那里获赠了后者无数雅号之一的"漱石"。然而幸德传次郎不仅是继承了一个雅号而已,他更是最彻底地继承了兆民的思想。对此我们之后再来详述。

在研究中江兆民的过程中,我惊讶地了解到以下情况。兆民曾因参加自由民权运动而被捕,并被驱逐出东京,但在1889年帝国宪法颁布时的大赦中,他得到赦免解除了处罚,并在次年参加了大阪第四区的第一次众议院大选。当时,他把登记的居住地址改成了大阪的受歧视部落地区,并如此写道:"余乃社会最底层复更下一层之人也,此即印度之'贱民',希腊之'伊洛特'等同之新平民也,若于昔日公等,则为唤做'秽多'之人也。"(1888年在《东云新闻》上发表的社论)

井上清曾在他的《部落民的历史和解放理论》一书中写道："根据推测，兆民的妻子可能出生于长野县的一个部落民社区。"无论是否属实，上述逸事都表明了兆民具有极其彻底的"自由民权"思想。我们可以说，幸德秋水和新宫的医生大石诚之助之所以重视受歧视部落民的问题，首先都要归功于兆民的所作所为。

在受歧视部落民的支持下，兆民以排名第一的得票数当选国会议员。与此同时，田中正造作为栃木县第三区的候选人当选了议员。田中也很早便参与了自由民权运动。自由党解散后，他加入了立宪改进党，但却并不认同该党的帝国主义路线。另一方面，中江兆民是立宪自由党成员，但却对该党的背叛非常不满，三个月后便辞去了议员职务。所以，田中正造和中江兆民想必对彼此十分熟悉。由此可见，田中正造和兆民的弟子幸德秋水，乃至其师弟荒畑寒村之间，明显都有着密切的联系。

因此，幸德会不遗余力地帮助田中正造也便不足为奇了。但问题是，他为什么会答应撰写上述呈给天皇的陈情状呢？这难道不是与无政府主义相矛盾吗？其实并不矛盾，因为在这个时候，幸德还不是一个无政府主义者。他当时还认同天皇，也认可议会。这些都是遵从了中江兆民思想的。

兆民翻译和介绍了卢梭的《社会契约论》，常被人称为东洋卢梭。这其实有两个原因。首先是他给卢梭的那种社会契约确立了来自儒家伦理的根基。换句话说，儒家思想是自由民权运动的根基。在自由民权运动失败后，兆民转向了社会主义。

幸德秋水也是如此。日本的社会主义者绝大多数都是或者曾是基督徒，但兆民与秋水的自由民权主义和社会主义，其思想却是植根于"孔孟之道"的，这一点十分值得注意。

其次，兆民之所以被称为"东洋卢梭"，是因为他把卢梭的《社会契约论》译成了汉文。该译本在中国和韩国得到了广泛的阅读。这样的事情并不多见。不过之所以会如此，也可以说是因为兆民所读的卢梭已经是"东洋的卢梭"了。

不过，其实兆民与卢梭有不同之处。这不是因为他是"东洋卢梭"，而是因为他有源于英国的要素。卢梭的理论以日内瓦共和国为范本，是支持共和主义和反代议制的，而兆民则站在赞成君主立宪制及议会制的立场上。这点从他主张开设议会、提倡"君民共治之说"（1881年）一事上可以看出来。

兆民认为，"共和主义"从其词源来看，与君主存在与否并无关系。比如即便在一个没有君主的国家，也可能有对权力的垄断和专制统治。反过来，君主立宪制，即"政权乃全国人民之公有物，非为官员所私有之时"，便与共和国的目标相一致。这与卢梭的观点并不矛盾，因为卢梭也说过相同的话。但就代议制问题而言，兆民与卢梭的观点相左，而将英国的政体视为典范。

幸德秋水也继承了其老师的想法。《20世纪之怪物帝国主义》（1901年）一书中，他发表的关于天皇的看法如下：

> 日本的天皇不同于德国的年轻皇帝，不喜好战争而尊重和平；不喜好压迫而尊重自由。他不因一国的野蛮虚荣

而喜悦，而是希冀于全世界的文明之福祉。他绝非今日那些所谓爱国主义者、帝国主义者，也与他们无半点相似。但在我们日本国民中，并非所谓爱国者的人，如同晨星般寥寥无几。(《近代日本思想大系13 幸德秋水集》筑摩书房，第46页）

秋水此时写过《社会主义神髓》，已然是位社会主义者了，然而直到1905年左右，他还是沿着德国"社会民主主义"的思路在思考。也就是说当时他是赞成议会制的。他曾与堺利彦一起翻译了马克思、恩格斯的《共产党宣言》并发表在《平民新闻》上，但这与布尔什维克主义无关。恩格斯晚年认为有可能通过议会来实现社会主义革命。不但如此，秋水还在这个时期写过一篇题为《社会民主党的建设者拉萨尔》的文章。拉萨尔也是一位在政治上与首相俾斯麦合作的国家社会主义者。

因此，虽说对无政府主义抱有同情，但秋水反对那种倒向恐怖主义的"无政府主义"，认为那是"对当前国家社会之绝望"的产物。"无政府党之毒害诚然可怖，然而使他们进展至此的正是国家社会，后者的毒害则更为可怕。那根本不是一部治安警察法能够制止得了的。"(《无政府党的制造》)

一个会与大逆事件有所牵连的秋水，直到1904年都并不存在。实际上，在那以后也不存在这样的秋水，然而1905年之后，秋水确实转向了反君主制和反议会制。原因何在？在我看来，在于日俄战争。在战争状态下，国家一般总是会对革命运动变得异常敏感。其实众所周知，日本军队希望俄国发生革命，为此还做了不少工作来支援革命运动。但反过来，这导致了对日本国内革命运动的极端恐惧。比如像幸德秋水那样在战时倡导非战论，成了一种有利于敌方的危险行为。

像这样，对幸德秋水等社会主义者的镇压在日俄战争期间变得愈发露骨。比如幸德秋水和堺利彦翻译的《共产党宣言》在《平民新闻》上发表后立刻遭到查禁，社会主义协会被解散，《平民新闻》也被迫停刊。不仅如此，秋水还被判了五个月的监禁，拘留在巢鸭监狱里。在帝国主义战争下，日本的政治制度从基于明治宪法的君主立宪制，转而成为类似于俄罗斯帝国的专制制度。

可以说，种种的压迫经历，使他"对今天的国家社会感到绝望"。然而在另一方面，俄罗斯出现的一些东西，则让他看到了希望。那就是作为日俄战争的结果而发生的1905年革命（第一次俄国革命）。俄国的社会革命党是背后的主导者。出狱后的幸德秋水前往美国，并在那里与俄罗斯社会革命党的成员有了深交。随后他在总罢工和直接行动的想法中发现了希望。

秋水所了解到的，是无政府主义的辛迪加。顺便一提，19世纪的古典无政府主义运动在巴黎公社的时候溃败了。此后在1890年代前半叶，法国的无政府主义者诉诸恐怖主义，却因此逐渐变得孤立和衰落。直到采用了辛迪加主义（工会主义）后，无政府主义才得以重振。以写作《论暴力》的索莱尔为代表，辛迪加主义者主张工人阶级可以通过总罢工来夺取政权。索莱尔所说的暴力其实是总罢工的意思。而幸德秋水所主张的"直接行动"也是一样。就是说，他主张不是通过间接的代议制（议会选举），而是通过总罢工进行革命。这跟恐怖主义完全是两码事。

另一方面在俄国，民粹派的"民意党"党人在1881年对亚历山大二世的暗杀，最终招致了无政府主义运动的溃灭。此后，像克鲁泡特金那样部分接受马克思主义思想的"无政府共产主义者"的势力开始提升；再然后得势的，便是无政府辛迪加主义。但是自民粹派开始，俄罗斯的无政府主义始终都没有全面地否定恐怖主义。其影响即便是在社会主义革命党内也根深蒂固。

因此，在受俄罗斯社会革命党影响的人当中，会出现一些有志于恐怖主义之辈，也就不足为奇了。我们可以说，宫下太吉、秋水之妻菅野须贺子等四人的刺杀天皇计划，便是这一影响的结果。然而我认为，幸德秋水完全没有参与这一计划。因为无论是打倒天皇制还是采用恐怖主义，他都是反对的。他妻子估计是因为对此心知肚明，所以才没有去征询他的意见吧。然而，当"大逆事件"被捏造出来时，秋水没有为自己辩解。

另一方面，这么一个三四人之间的小想法，或者说根本就只是个空想，却被日本的权力核心人物们捏造成了一个刺杀天皇的大阴谋，还把幸德秋水在内的众多社会主义者尽数牵扯进来。此事自然导致了无政府主义的"寒冬期"，然而对日本的君主制而言，这也绝非什么好事。通过这种行径，他们将日本皇室的悠久历史"沙俄化"了。强行实施大逆事件的元老山县有朋自此失势，而与中江兆民关系密切的元老西园寺公望则提升了势力。就在这一时期美浓部达吉的天皇机关说被接受为主流理论，大正民主主义就此得到确立。

日本的政治体制与沙俄无异——这不仅是第一次俄国革命后日本无政府主义者们的观点，而且也是第二次俄国革命（1917年）之后日本马克思主义者的看法。在共产国际的指导下，日本共产党在普选制度已经存在的情况下，仍旧将"推翻君主制"视为第一要务，这不仅使其备受当局打压，还失去了群众的支持。另一方面，通过反过来利用这一状况，天皇制法西斯主义体制逐步形成了。正是在这一时期，大逆事件重又得到了重视。

8

那么在大逆事件中被处决的新宫集团领导人大石清之助（1867—1911）又是怎样的情况呢？他于1890年前往美国，在俄勒冈州立大学和加拿大的蒙特利尔大学学习医学，并于1896年回到日本。同年，他在新宫町开设了一家诊所。此间他照顾穷人，尤其是受歧视人群，因而被称为"毒取"（ドクトル）[1]而广受爱戴。

1886年在美国芝加哥的干草市场广场发生了枪击事件，四名无政府主义者遭到处决。这与大逆事件一样完全是冤案。但作为其结果，1890年开始有了"五一"劳动节（世界上很多地方至今还在纪念这个日子），反资本主义运动变得愈发活

---

[1] 字面意为除毒者，发音与doctor相近。

跃。既然大石是在这一时期去美国留学,想来他多半会成为一名社会主义者吧,但事实并非如此。为了进行传染病方面的研究,他随后于1899年前往新加坡和印度的孟买大学留学。据称特别是在孟买的经历,令他认识了种姓制度的现实,他的社会主义思想由此而觉醒了。

然而,如同他被人称为"毒取"这件逸事所显示的那样,大石自在新宫行医时代开始便致力于解决受歧视部落民的问题。这一行动所基于的是前社会主义的道德观,其中可能存在基督教的背景。大石的长兄(余平)皈依了基督教,并于1884年创立了新宫教会。把家里的三儿子诚之助送去美国的也是余平。简言之,与兆民和秋水不同,大石的背景毋宁说是基督教和布尔乔亚的现代主义文化。

尽管如此,大石在新宫的影响力事实上源自于社会主义思想。比如佛教的僧侣们便都受到了他的影响。这包括了临济宗妙心寺派的峰尾节堂,以及真宗大谷派净泉寺的高木显明。这些僧人的活动超越了传统佛教宗派的边界。他们根本不可能想过刺杀天皇,但由于幸德秋水找大石看病时碰巧在新宫逗留,于是包括大石在内的新宫集团遭到指控,被认为是刺杀天皇阴谋的共谋嫌犯。

由于大逆事件,新宫开始被人们视为一个罪恶之城。但后来发生的一件事却可以说十分奇异。大逆事件后,大石的长兄之子西村伊作在东京创办了文化学院。该校后来成了大正人文主义或大正现代主义的推动者。这一方面显示了大石家族的经济实力,在某种意义上,也是对大石诚之助所怀志向的一种传承。

人们都说，大逆事件后迎来的便是"寒冬期"，然而事实上，此后大正民主主义很快便开花结果，普选也得到了承认。为这些变化做出贡献的，正是死于大逆事件的大石的亲族。此外，从新宫还走出了一位站在大正、昭和时代日本现代主义文学最前沿的作家，他便是佐藤春夫。然而，这些人都是在新宫以外的地方活动的。在新宫内部，情况却大相径庭。大逆事件的创痛在此地长久留存。就是说，新宫一地一直在经历"寒冬期"。这在"路地"[1]一地尤其影响深重。而这里便是中上健次出生和成长的地方。

中上在新宫高等学校就读，并以文学为志，这样的他自然对旧制新宫中学走出来的佐藤春夫抱有关切。但是，他所向往的文学自然并非佐藤春夫那一类型的。佐藤春夫所写的《田园的忧郁》（1918 年）是讽刺性作品，描述一个厌倦了城市生活的男子搬到武藏野乡下居住的故事，无需赘言，这延续的是国木田独步的传统。然后刚才已经提到，又有一位与中上同辈的作家继承了这种传统，那便是村上春树。而中上所想要注目的，正是佐藤春夫故意遮蔽双目不想去看的那些东西。这便是大逆事件，以及此后新宫一地的现实。

---

[1] 日文中意为巷子、胡同，这里特指中上的小说中提到的新宫某地，而此处同时也是受歧视部落的所在地。

9

最后，我想谈一谈中上健次的小说。我第一次见到他是在 1968 年左右，当时他 21 岁，告诉我他想写有关新宫的小说。经历了大逆事件的新宫，浓缩了整个日本社会的种种矛盾。而这也与熊野的地理位置相吻合，从南朝的天皇开始，历史上的失败者们总是逃向那里。但是应该如何书写才好呢？这就是他在探索的东西。

我听了他的想法，就推荐他可以去读一读福克纳。因为我总觉得他所讲的跟福克纳很像。他马上去读了《押沙龙，押沙龙！》，读完后他便大胆放言，说自己是唯一能理解福克纳的人。从事后来看，我只能说，他说的千真万确。从福克纳那里，中上找到了将郁积于新宫社会的东西解放出来的线索。正是在这个意义上，中上才会开始宣称："我将成为日本的福克纳。"

福克纳所描绘的，是南北战争失败后的南方世界。那里有着处境屈辱的贫穷白人，也有从奴隶制中得到解放，但仍受到歧视的贫穷黑人。而且南部有与欧洲直接联系的传统，原为法属的路易斯安那州则更不待言，这点与北方的扬基人很不同。此外，它与海地这样的拉丁美洲世界也有联系。简而言之，南方充满了矛盾、颠倒和非常态，是一个错综复杂的世界。

福克纳 1955 年访日时曾表示自己能够理解日本人，因为大家一样都输给了扬基人。如今回想起来，他的发言极富启发性。一般人们把美国的南北战争（1861—1865 年）看作一场为废除南方奴隶制的战争。然而，南北战争是一场帝国主义战争，其目的在于将南方的经济置于北方（扬基人）的控制之下。事实上，在那之后，扬基人便摧毁了夏威夷王国，并越过太平洋出现在东亚。而且他们的帝国主义侵略行径，总是高举着解放奴隶、民主化、捍卫人权的大义名分而进行的，直到今天依然如此。

据陪同其访日的大桥健三郎说，福克纳想要拜访的不是东京或京都，而是日本国内类似于美国南方的地方。于是便有了长野的演讲。然而在我看来，福克纳应该去的是南纪州才对。自明治时代以来的工业资本主义发展中，南纪州始终是遭到排斥而进展迟缓的"南方"。此外，熊野一地自前现代的南朝政权开始，一直是政治失败者逃亡的避难所，圣域般的存在。而这又因大逆事件而变得更加复杂。对于想要描绘这样一个世界的中上而言，福克纳毫无疑问提供了绝佳的参考范例。

在福克纳的作品中，充满矛盾的南方世界，浓缩于《押沙龙，押沙龙！》中的托马斯·萨德本这个人物身上。出身贫穷的他来到密西西比州后，尝试在那里建立一个种植园王国，然而却在试图确保男性继承人的过程中失败了。他的同父异母的孩子之间，在不知情的情况下产生了乱伦关系。但最令萨德本无法容忍的，是其继承人混入了黑人奴隶的血统。最后，萨德本让他的种植园里的一个女孩怀上身孕，然后被她的祖父所杀。不过，小说不是以这样的顺序来讲的，而是通过一位老妇人的回忆，把那些片段综合起来才逐渐展现出故事的全貌。

正如其标题所示，《押沙龙，押沙龙！》是以《圣经旧约》

故事为原本的。显然，中上健次在构建他的新宫史诗（saga）时，方方面面都受到了这部作品的影响。比如他试图塑造一个像萨德本这样的人物，于是便有了浜村龙造。随后他又写了其孩子的乱伦（《岬》）以及兄弟相残（《枯木滩》），作为该人物之事业的阻碍。这也是《押沙龙，押沙龙！》，乃至圣经旧约《撒母耳记》中的故事。此外，《千年愉乐》中阿龙婆的讲述，想必是受到《押沙龙，押沙龙！》中老妇人的启发。

然而，在我们审视这些相似之处的同时，两者间的差异也变得很明显了。换句话说，中上考虑的原初问题变得明显起来。那是与南纪州自身的历史有关，不同于密西西比州的内容。而说到底，这最终可以归结到大逆事件之上。

浜村龙造是个从别处来到新宫路地的人，被人们冠以"蝇王"的蔑称，这使他有了统治路地、建立其个人王国的计划。中上将他与铃木孙一的传说加以联系，后者尽管是位战国武将，却参加了一向一揆，率领铁炮部队为实现"佛国的理想"而与织田信长等人展开了战斗。然而在现实中，龙造的所作所为却与这一"理想"截然相反。面对这么一位父亲，其子秋幸展开了他的反抗。

以秋幸为主人公的小说从《岬》开始，直到《枯木滩》、《地的尽头 至上之时》（地の果て 至上の時）为止，一直在描述秋幸与其父亲龙造之间的对抗。不过，前两部小说与《押沙龙，押沙龙！》很相似。从这个思路来考虑，会认为后续的《地的尽头 至上之时》里秋幸想必会成功地"弑父"吧。然而，龙造却毫无征兆地自杀了。面对这一状况，秋幸只能是直呼"不该是这样啊"。

那么在《地的尽头 至上之时》里，到底什么是"不该"发生的？首先，在龙造的权力意志背后，我们可以看到另一个人物佐仓的权力意志，他买断了路地的土地。佐仓最初登场是在《凤仙花》中，这本书讲述了秋幸之母福纱一生的故事。该书也暗示了与大逆事件以及大石家族之间的关系。关于大石医生，中上如此写道：

> 在诊疗室的玻璃窗上敲三下，哐、哐、哐，这便是暗号。他明白患者干的多是些走山林、拉木马或是补木屐的营生，哪有什么余钱付给医生呢，所以只要收到这哐、哐、哐的暗号，他就免了他们的费用。这位医生的兄长被佐仓家收为养子，他的儿子便是现在的佐仓了。(《凤仙花》)

也就是说，大石诚之助的侄子[1]被佐仓家收为养子，而他的儿子抢占了路地的山和土地。

> 一切都是佐仓干的。他说他要创造一个新的世界，叫来净泉寺在路地的高僧们给他讲授佛法。到后来，那个叫作"毒取"的医生和海泉寺的和尚因欲谋害天子而被逮捕。佐仓跟这位被尊为"毒取"的医生是亲戚。然而此

---

[1] 此处或应为"兄长"。

事之后，他在路地雇佣了好几个拉木马和走山林的男工干活，放贷给他们之后，就逼迫这些大字不识的人们画押。结果随着这一纸纸合同，路地的山和土地便尽数落入佐仓手中。（出处同上）

而为这个佐仓效力的管家正是浜村龙造。这么一来，在龙造想要统治路地之前，佐仓早就企图这么做了。那么，为什么像佐仓这样的人会从大石家族中出现？原来在大逆事件发生后，路地的人们对一直以来照顾着他们的大石家族变得极其冷淡。因此，佐仓对路地人心生怨恨，决意要将他们的土地尽数夺走。

当然，这不是什么历史事实。大石家族确实拥有路地的土地，但并不是像佐仓那样恶毒之人。为新宫受歧视民而战的大石医生，后裔却成为占据和统治受歧视部落土地的君王，这都是中上的虚构。那么，中上为什么要这么写呢？

如前所述，在新宫地方之外，大石家族继承了大石的意志展开活动。这推动了"寒冬期"的过去与大正文化的勃发。但是残留在新宫的"寒冬期"又是怎样的？依旧是一片凄惨的景象。如果东京的文化学院是大石的光明面，佐仓这一人物便是大石的黑暗面。在新宫的佐仓这个人物的身上，大逆事件及其带来的"寒冬期"仍旧存在。那么，无论统治着路地的地主具体是谁，在某种意义上来说，都是大石的消极面在进行着统治。

浜村龙造是为佐仓效劳的管家。但在《地的尽头 至上之时》里秋幸遇到的佐仓，却完全不像传言所说的那样，是龙造背后"更狡猾的恶人"。他只是一个遭到龙造背叛，无助且痴呆的老人罢了。这使得龙造的野心看起来似乎与佐仓或大石家族不同，但事实上却并非如此。佐仓觉得，背叛了他的龙造，才是真正继承了他的意志。不只龙造，还有他的儿子秋幸也是：

"佐仓先生，这个是浜村龙造的儿子，也是我的弟弟啊！"文昭如此说道。但佐仓那老糊涂的脑海中，时间突然混作一团，说了一句"是同一个人啊"，那感觉，仿佛是在日光充盈的屋子里，对着年轻时的浜村龙造说出的话。

佐仓其实想说，如今跟过去没什么不同，正如佐仓和浜村龙造是一样的，浜村龙造和秋幸也是一样的。（……）佐仓思绪万千。在叔父因为刺杀天子大人的阴谋中遭到逮捕的时候，这些强壮的家伙们也没想过要去搭救。被叫作毒取的叔父和侄子佐仓都是同样的。要说同样的东西里有什么不同，那就是光与影、右与左、上与下的区别吧。"

（《地的尽头 至上之时》）

大石诚之助和他的侄子佐仓，管家龙造、其子秋幸等人都是如出一辙，他们之间有的只是"光与影、右与左、上与下的区别"。换句话说，这些人全都是作为大逆事件的光明面与黑暗面而存在的。这样来看的话，秋幸又是何许人也？可以说，他是再次降临的大石诚之助－幸德秋水。

在中上创造的世界中,佐仓－龙造想对大逆事件带来的"寒冬期"展开报复。但是这场报复没有朝向国家,却朝向了路地的人们。他们在那里建立了一个王国。然而却有一个来自路地的人向他们发起了挑战。那便是秋幸。秋幸是作为再临的大石－幸德而出现的。

另一方面,龙造自己把秋幸看作战国武将浜村孙一,并开始管自己叫作秋幸的儿子来了。这个地方便已在预示"弑父"是不可能的了。然而,龙造更应该说的难道不是这句话么:"秋幸,你就是幸德秋水,而我是你的儿子。"换句话说,如果真正的大石－幸德出现在龙造这个大石－幸德的阴暗面面前,那么后者便只能走向消亡。因此,龙造静静地自缢身亡了。

秋幸与龙造的对抗,是围绕路地的旧区改造展开的。实施之后,路地将会消失,而居民们想必会分配到干净整洁的集体住宅单元房吧。当然,这不过是个幌子罢了。就算一直存在的受歧视部落消失了,歧视却仍将存在下去。另外,包括大石在内的新宫集团成员的名誉得到了恢复。在这个意义上说,"大逆事件"似乎已得到了解决。当然,情况并非如此。

路地的旧区改造是真实发生过的。而且那是不仅在路地,也不仅在新宫,而是全日本都在发生的事。其结果是,日本人在房产泡沫之中举国欢腾。看起来,这似乎要将以往的种种陋习、歧视和特权一扫而空。然而,那其实是将种种质的区别转化成了贫富差别。路地的改造是新自由主义(新帝国主义)征服日本的前兆。那么,有谁能够与之对抗呢?秋幸,也即再临的幸德秋水。

在最后，秋幸纵火烧了路地。就算他不这么做，路地也是会消失的，他却自己去烧了它。然而他预见到，世界各地都存在着路地，而且新的路地将会不断出现。新宫从"大逆事件"中解脱出来了。然而，类似于大逆事件的事情想必还将不断在世界各地发生。中上健次预见到，在新宫的路地问题，也即大逆事件的问题消解以后，那里进行过的斗争将会蔓延到全世界。身处中上健次逝世二十年后的今天，我们正越来越切身地感受到这一点。

帝国的边缘与亚边缘

1. 釜山与大阪

能够有机会在釜山演讲，我感到非常荣幸。感谢金勇圭（Kim Yong-Gyu）教授等釜山大学的各位对我的邀请。另外，也要感谢大家今天能来到这里。今天我受嘱托来谈谈韩国和日本的历史。但在这之前，我想先来说明几件事。

我之所以接受釜山大学人文研究所的邀请，原因之一在于我从前便认识釜山一个叫作"靛青"（Indigo）的青年团体。"靛青"是一个从事自主教育活动的联合体。他们同时也会出版一些英文的书籍，其中有一本是对齐泽克的访谈录，最近刚在日本出版了（《齐泽克谈革命》，青土社）。他们接下来将会出版对我的采访。当我与"靛青"的人们交流时，我开始想一个问题，为什么像这样的团体会在釜山诞生，而不是在首尔。

我的感觉是，釜山的人们对首尔怀有一种强烈的排斥情绪。对我而言，这是很好理解的。日本的情况也差不多。比如说，大阪和京都的人们就排斥东京中心主义，他们会比较倾向于不经由东京而直接面向海外。我非常能理解这种感受。之所以如此，是因为我自己就来自大阪。确切说来，我是生于邻近大阪的尼崎市。虽说从1964年以来，我绝大部分时间都在东京生活，但在骨子里我是讨厌它的。我的思考方式和生活方式从根底上来说都是大阪式的。

德川时代的大阪是日本的经济中心，尽管幕府会向大阪派遣大阪町奉行，但城市几乎完全是由町人自治管理的。那时的大阪是一个平等主义的社会，乃至在那里当一个武士会觉得十分羞耻。这样的传统在明治以后仍然存在着。我想这也是为什么许多在日朝鲜人会选择住在大阪。另外在知识方面，大阪也有着不同于京都和东京的传统，其代表是大阪町人创立的怀德堂和适塾。在德川时期，这些都是日本学问的前沿阵地。

现在的人们就只知道大阪有漫才，有喜剧表演。其实漫才的创立者秋田实是一位生于大阪的共产主义者，他曾就读于东京大学，但为了逃避政治打压而回到大阪，然后创立了漫才。也就是说，那也是大阪精神传统的一部分。事实上，在日本桥一带曾经有一个非常大的二手书店街。但在第二次世界大战后，那里成了卖家电的地方了。到现在，大阪的精神传统正在逐渐消失。不仅如此，那里还出现了排外主义的倾向。如今的大阪人已经不了解曾经那个大阪了。

一方面，釜山虽说是仅次于首尔的第二大城市，但在朝鲜战争期间作为事实上的首都，吸引了来自全国各地的知识分子。然而我听说，现在人们说到釜山却只知道釜山的喜剧和黑帮。在这一点上釜山跟大阪是一样的。只不过釜山的大型二手书店街到现在还存在着。因此，我非常能够理解釜山知识分子的反首尔中心主义。我认为这并不仅仅是一种乡土情结。

关于这一点,我想引用一句康德的话。众所周知,康德是世界公民主义的倡导者。事实上在他看来,民族主义,也即认为只有自己的国家独一无二的那种想法,不过是一种"错觉"罢了,是应该要根除的东西。然而随后,他却接着说了一些很不寻常的话。

> 天意之所在,并非使得各民族彼此合流,而是使它们因排斥力而相互争斗,因此为了使各国保持分离,像国家自豪感、国与国之间的相互仇恨这类事情,便是不可避免的。(尽管对其他民族的憎恨可以有很多原因),然而无论如何,一个民族总是更爱自己的国家胜过爱他国的。各国政府十分欢迎这种错觉。这便是世界的组织机制,我们借此任凭自身本能而相互结合或者分离。另一方面,理性则给予我们法则,它告诉我们本能是盲目的,只会引导我们身上的动物性,而这必须被理性的准则所取代。要做到这一点,就必须根除这里所提到的国家错觉(Nationswahn),而代之以爱国主义(patriotism)和世界公民主义(cosmopolitism)。(《人类学遗稿》,《康德全集15》,岩波书店,第410页,引文中的德语基于康德原文标注)

康德提倡世界公民主义而反对民族主义,这是可以理解的。然而让我意外的是,在反对民族主义时,他不但提了世界公民主义，还提到了 patriotism。我一开始非常不解，因为如果把这里的 patriotism 译为"爱国"，那么它便不可避免地会与民族主义有所重叠。那么是不是把它理解为乡土情结更好？然而即便如此，也还是会产生误解。很快我明白过来，原来康德是以某种特定的关系来把握这三个概念的。因此我们不能将它们彼此割裂开来分别对其给出定义。

简单来说，康德的想法应该是这么回事：世界主义是与民族主义相对立的，但可以与乡土情结兼容。换句话说，一个人可以在热爱自己家乡的同时成为一位世界公民。或者也可以这样表述：一个世界公民绝不是那种没有自身生活立足点的抽象的人，他应当具体地扎根于种种文化之中。或者倒不如说，只有这样的人，才真正有可能成为一个世界公民。

康德一直生活在一个名叫柯尼斯堡的城市，一辈子都没有离开过那里。该市地处偏远（如今属于俄罗斯的一部分），在政治上无甚影响力，但由于波罗的海的海运贸易而在经济和文化上繁荣。康德所说的乡土情结，可以说便是对柯尼斯堡的热爱。即便有人恳求他前去任教，康德也从未移教柏林的大学。柏林是普鲁士的首都和国家的中心，而康德拒绝前往，留在了柯尼斯堡。所以说，这种对乡土的热爱与他作为一位世界公民，两者毫无矛盾之处。

柏林，或者是东京、首尔的人们不怀有对乡土的热爱。即便有，那种乡土情结也会与民族主义直接结合起来。那些人肯定觉得，大阪和釜山的人们封闭在狭隘的地区，落后于世界大势，只有他们自己站在世界的大舞台上。但事实并非如此。他们所说的世界，只不过是基于民族主义这一"错觉"的东西罢了。相反，当站在大阪、釜山这样远离中心的地方思考时，人们反而有可能与世界公民式的东西产生联系。与"靛青"的相遇，尤其迫使我去思考这样的问题。这就是为何我当时想，如果下次有机会在韩国公开演讲，希望能够到釜山来。

2. 世界体系的历史

出于上述这种想法，我答应在釜山谈一谈日本和韩国的历史。是在釜山谈，而不是在首尔。我觉得若是在这里，或许便有可能超越民族主义这一"错觉"地来讲述日本和韩国的历史。

那么在讲这个问题的开始，我首先想要说明，我们不可能只把日本和韩国这两个国家拿出来，单单去讲它们的历史。日韩关系无论是在现代还是前现代，都无法跳脱与其他国家的关系而单独加以理解。所谓的其他国家，首先便是中国。但是，这些关系不能单从历时的层面来考察，重要的是明确它们处在何种结构之中。

这里，我想从对世界－帝国和世界－经济的区别开始谈起。这一区别是由沃勒斯坦和布罗代尔提出的。所谓世界－帝国，指的是旧时代的那些世界帝国，而世界－经济则是指近世以来的世界市场经济。这两者乍一看非常相似。两者都具有中心、边缘和半边缘的结构。但事实上，它们的实际情况却是完全不同的。

我从交换样式的角度重新定义了两者（图1）。简而言之，在世界-帝国中，交换样式B占主导地位，而在世界-经济中，占主导地位的则是交换样式C（图2）。

A 互酬 （赠予与回馈）	B 掠夺与再分配 （统治与保护）
D X	C 商品交换 （货币与商品）

图1　交换样式

A 微型世界体系 （赠予与回馈）	B 世界-帝国 （统治与保护）
D X	C 世界-经济 （现代世界体系）

图2　世界体系的各阶段

A 民族	B 国家
D X	C 资本

图3　现代世界体系（资本-民族-国家）

世界-帝国的成立靠的是军事征服，然而却不能仅仅基于此。它之所以能够存在下去，不是因为掠夺或强迫，而是基于一种形式的交换活动。这种"交换"比如说是这样的：被征服者通过向中心臣服并向其纳贡，获得对方提供的保护。这便是交换样式B。当这种交换无法持续下去的时候，帝国便会衰亡，然后便会形成新的帝国。在世界-帝国中，存在着中心、边缘、亚边缘乃至域外这样的空间结构。

在这种情况下，帝国的中心很少对边缘和亚边缘地区进行直接的掠夺。边缘各国必须向中心进贡，然而这样做反而能够得到比进贡更多的回报。这是以朝贡形式进行的贸易。帝国为各个国家和共同体之间带来了和平与贸易，而帝国自身也从中获利。这便是帝国的运作原理。

另一方面，世界－经济则根植于交换样式 C。换句话说，它的基础并非征服或是掠夺，而是商品交换。这里也如沃勒斯坦所说，存在着一个中心、半边缘和边缘的结构，但这与在世界－帝国的情况完全不同。首先，"域外"在这里是不存在的。这个世界的每个角落，无论多么偏远，都被世界－经济包摄其中。其次，旧的世界－帝国在这里也被置于边缘地位。第三，出于上述原因，亚边缘这样的东西是不可能存在的。

刚才已经提到，世界－经济的特征在于它不强制要求纳贡，而是一种基于共识的商品交换。然而通过这一过程可以得到剩余价值。换言之，世界－经济便是这样一个体系，通过对其的运用，中心地区实现了对边缘地区的掠夺。并且在世界－经济里，中心是会不断发生移动的。

在世界－经济中，像旧帝国那样的东西已然无法成立。这是因为那里不存在帝国的原理。世界－经济是现代世界体系，其单位是资本－民族－国家（图 3）。如果它扩张了，形成的也并非"帝国"，而是"帝国主义"。

3. 世界－帝国里的中心、边缘和亚边缘

我今天想要谈谈东亚在进入世界－经济之前，也即西方列强入侵之前的结构。换句话说就是世界－帝国的结构。我想以东亚为例来谈谈这一结构。之所以这样做，是因为与世界其他地区的帝国不同，中国留存了非常丰富的史料。

我们首先从中华帝国的"边缘"开始思考。边缘是非常多样的。他们之中有比如突厥系（匈奴）、维吾尔人、契丹人、蒙古人、满族人（女真族），等等，这些都是地处边缘的游牧民族，他们并不隶属于中心。相反，他们或是在中华帝国之外，或是入侵中华帝国从而建立帝国，我们不如说，他们自己成了"中心"。

这些民族并没有完全被中国的文化或制度同化，而是保留了他们在草原上生活时的那些原则。比如，契丹和西夏都有自己的文字，蒙古也有八思巴文。西藏在这方面也是一样。西藏创立了吐蕃帝国，对唐朝构成威胁。此后的西藏尽管臣属于游牧民族建立的元帝国和清帝国，却仍然基本上保持了自治体制。那里很少受中国文化的影响，也没有引入汉字。相反在元朝和清朝，藏传佛教（喇嘛教）具有强大的影响力。

也就是说，我们不能把他们称为"边缘"。真正典型的可称为"边缘"的，毋宁说是朝鲜和越南才对。两者都是一方面受到中心的征服，一方面又在帝国的册封之下持续地与之对抗，并全面地接受了中心的文明制度。后面我们将看到，越南与朝鲜的情况非常相似。

如果说这些地方属于典型的边缘，那么日本的情况就与此略有不同了。日本虽说也接受了中国的制度，但与朝鲜和越南不同，它的接受是选择性的。日本人在形式上接受中国的文化和制度，但实际上他们却并未接受，可也没有抛弃或排除，而是在自己需要的范围之内维持着它们。而且，日本人正是处在一个可以如此行事的位置上。在我看来，这便是亚边缘的位置。

自7世纪到8世纪，日本国家从隋朝和唐朝引进了律令制度。这使日本将中华帝国视为中心，以此确定自身的位置。但这种变化并不只发生在日本。隋唐时期，这种情况在东亚各地都有发生。日本的不同之处在于，它虽在外表上采用了从帝国中心传来的文化和制度，却并没有实际执行。例如，有一项法令从一开始就只在名义上存在，从未得到实施。那便是禁止近亲结婚的法令。在日本，从王公贵族到普通平民，实行的都是双系继嗣，且允许近亲结合。基于父权制的中国体制以及儒家思想，显然与这种事实情况相悖。然而，日本既没有遵守禁止近亲婚姻的条款，也并没有将其废除。

其他事情同样也是如此。例如，7世纪到8世纪，公地公民制作为律令制的基础得到推行，然而它却很快便变得徒具形式，进而被庄园制度所取代，这导致了不同于律令国家的贵族政治（摄关政治）的成立。当然，不仅仅是日本，包括唐王朝本身在内的其他国家里，律令制国家也逐渐没落。然而日本的独特之处却在于，虽然日本此后不再执行律令制了，但也没有将之废除。

在现实中，不同于律令制的庄园制度应运而生，随后又逐渐解体，之后诞生的则是领主制和乡村制，武家政权（镰仓幕府）就此形成。这时虽然制定了新的法令《贞永式目》，却并没有废除律令制。相反，律令制作为武家之法的根据而得到保留。此后虽然经历数个政权，律令制度却始终没有废除，一直延续到明治维新时期。事实上，明治维新，也即所谓"王政复古"，从形式上来说也是基于律令制度实现的。

为什么日本会采用这样一种做法？提出这个问题的学者在日本不在少数。不过，他们往往是在与中国的比较中思考该问题的。也就是说，他们是从日本人如何接受中国文化、中国制度的角度来观察的。在思考明治之后的日本时同样如此。但这时他们不是将中国与日本比，而是拿西方跟日本比较，考察西方的文化和制度在日本是如何被接受的。也就说，他们除了日本与中国、日本与西方之外，就没有别的视角了。

引入律令制的不仅仅是日本。这一进程在帝国边缘的各地都发生过。而且，公地公民制（均田制）也不仅仅是在日本没能很好地发挥作用，在朝鲜也是如此，甚至在唐朝也是一样。因此，在日本发生的事情的特点不仅需要与中国，也要与韩国和越南的情况进行比较。

另外还有一个重要问题：隋唐的制度之所以传播到整个东亚，并不仅仅因为那是先进文明国家的制度。隋唐帝国继承自北魏，后者是过去属于边缘的游牧民（鲜卑）所创立的国家。不同于秦汉帝国，隋唐帝国可以说是边缘转为中心而成立的划时代的帝国。北魏开创性地实行了均田制，这种制度虽然作为孟子的理论为人所知，但过去还从未有任何王朝实施过。到隋唐时代，均田制在帝国的边缘也得到了推行，不过这不是什么不可思议的事。本来它就是从帝国的边缘地区出现的东西嘛。

日本的独特之处不能仅仅通过将中国与日本进行比较来理解。虽然如此，单是将朝鲜与日本比较也同样无法理解。为了真正理解，我们必须要看到东亚地区帝国的结构。这便是我称为"中心""边缘""亚边缘"的结构了。

4. 武家政权

考察古代历史时，会发现直到高句丽、新罗和百济相互争斗的"三国时期"，朝鲜和大和之间其实并没有很大的区别。大和政权参与了这三个国家之间的纷争，而半岛的局势也对大和影响巨大。之所以大和发生了被称为"大化改新"（645年）的事件，也是出于这样的原因。在那之前，大和的大王，是由部族联盟所推选出的酋长担任的。"大化改新"便是将这种酋长制王国形态改造成集权制国家的尝试。

这一情况的背景，是半岛上发生的危机。新罗与唐朝联合起来，摧毁了与大和关系密切的百济（660年）。许多战败的百济军队流亡至大和。作为回应，大和派出军队救援百济，却遭遇惨败。这便是白村江之战（663年）。从那时起，大和便失去了与半岛的联系。朝鲜的统一新罗时期，对应的是日本的奈良、平安时代。或许正是在这一时期，日本与半岛产生区别，开始朝着独特的方向发展了。

然而，之所以日本能发展出独特的路径，首先还是因为日本远离中心这一事实。像韩国，也包括越南这样的"边缘"地区，会受到来自中心的直接压力。这种压力对日本来说则是间接性的，而这便是造就"亚边缘"特征的因素。

朝鲜从汉朝开始就受到了中国的直接统治。新罗、百济和高句丽这"三国"，起初也是依据汉朝的郡县制划分的。而在这三个国家中，新罗虽然靠着与唐结盟而征服了百济和高句丽，后来却又与唐作战并统一了朝鲜。然而，统一新罗时代一方面获得了相对中国的独立地位，却在同时也开始了中国化的进程。虽然政治上独立了，来自帝国的威胁却始终存在着。为此，新罗接受了帝国的册封，并积极地将自己纳入中心的体系中以寻求生存。

越南的情况也是一样。同样是从汉帝国时期起，越南就一直处于中国的统治下。后来越南尽管数次叛乱却均告失败，直到939年唐帝国覆灭后，吴权才建立起越南人的国家。然而那并非标志着越南"中国化"的结束，反而应该说是其"中国化"真正开始的时刻。随着中央集权制度的建立，文官制度生根发芽，儒家思想得以传播，科举制度自13世纪起开始推行。

然而，在8世纪左右的日本，却可以看到与中国渐行渐远的趋势。过去被称为"大王"的，如今改称"天皇"，并将国号定为"日本"。这在乍看之下似乎是一种中国化，实际上并非如此。比如，"天皇"这个称呼是很不同寻常的，因为那是比皇帝更上位的概念。这种事情在边缘地区是不可能发生的。大和朝廷在给中国的公文书中如此表记时，唐帝国竟予以容忍，原因没有别的，单纯只是因为日本离得太远罢了。此外，当时正与高句丽苦战的唐朝想必有所盘算，认为此时若再与身处背后的日本为敌，实在不是明智之举。无论如何，从天皇、日本这些名称中可以看出，日本虽然身处东亚的帝国之中，却又同时在它的外部。这便是我所说的"亚边缘"。

虽说发生了去中国化，但从外表上看情况正相反。日本试图模仿中国文明，创立一个官僚制的国家。比如说在奈良、平安时代创建大学寮，作为培训官僚的机构。然而，决定官位等级的归根到底还是一个人的出身。在这种地方，像科举这样的制度是不可能存在的。在朝鲜，与日本的制度比较类似的是新罗，而科举制度则在高丽得到了更多发展。从那时起，"文武两班"的官僚系统便逐渐成形。其中，文职官员占压倒性的优势，重文轻武的倾向变得愈发明显。

日本则完全没有发生这样的情况。平安时代之后，一个武家政权，也即镰仓幕府建立起来（约1190年）。当然，高丽王朝也存在着武官与文官间的对抗。也就是所谓的武臣政权。由武臣们建立的都房与日本的幕府是很相似的。从时代上来看，其建立的时间也与日本的武家政权镰仓幕府相近。

在日本，随着土地的私有化，非国家所有的庄园制度得到普及，武家的权力和法律在国家控制之外迅速成长起来。与此类似，原本实行公地公民制的高丽也出现了同样的情况。此外，高丽还面临着北方游牧民国家（契丹）入侵的危险。正是这样内外交困的情形导致了武臣政权的出现。事实上，武臣政权（崔氏）后来被蒙古人（元）所征服和摧毁。然而，崔氏政权的抵抗持续了超过三十年之久。最后，高丽人在元朝的命令之下进攻日本，然而他们的抵抗仍然在明里暗里进行着。或许正是出于这个原因，而不是因为神风（台风）的作用，蒙古人对日本的征服才以失败告终。

尽管存在这样的平行关系，但在高丽的情况下，武臣仍然是武官，是一介官僚。换句话说，他们是律令政治框架的一部分。而在日本，武士并非官僚。在奈良、平安时代的律令国家制度之下确实存在武官，但所谓的武士，则是在这样的国家制度之外，乃至在边疆诞生的。

随着私人地产（庄园）在律令制国家的机关之外得到发展，从事像警察、法官这样职业的人便取代了国家而变得重要起来。这些工作便是由武士阶层担任的，他们与那些中央国家机关的武官们结成主从关系。像平家和源氏这样的团体便是以这种方式形成的。平家主要以西国和海上为其据点，而源家的基地则在东国和陆地上。

武士和他们的主人之间的关系基于"封"而成立，是一种互惠（双边）性质的关系。这便是封建制。它跟那种集权式的金字塔形官僚组织结构是不一样的。另外，因为主从关系具有互惠性，所以只有持续地将与其军事贡献之大小相应的赏赐授予臣下，这种关系才能长久维持。例如，在抗击蒙古入侵的战争中，由于仅做防卫而没有赢得新的领土，北条政权无法授予赏赐。这便是封建制度开始动摇的原因。利用这一点，后醍醐天皇开始鼓吹王政复古。然而这样做的结果，不仅不是中央集权国家的出现，反而是长期战乱的开始。最后出现的便是向朝鲜出兵的丰臣秀吉政权。

5．天皇制

在日本，由于官僚制力量薄弱，武家政权因而得以建立起来。那么日本的官僚制为何那么弱呢？或者应该问，为什么儒家思想没能在日本扎根呢？这与古代日本国家以及天皇制有关。刚才我们提到，原本曾是祭司-酋长的大王到后来成了天皇。不过，天皇并没有实际的权力，只是作为祭司的权威而存在着的。真正把控实权的人们，起先是贵族，后来则是武士。此外，从镰仓时代到德川时代，武家政权也在不断更迭。然而，天皇却一直保存下来了。

这种情况是中国或周边国家所未曾发生过的。中国持续发生着朝代的更迭，且发展出一种将朝代更迭正当化的观念。那便是基于儒教（孟子）的易姓革命的思想。易姓革命不仅是权力的转移过程，更是一个政治理念的问题。王朝的正当性是由天命所授予的，而所谓的天命指的便是民意。违背民意的王朝是无法存续的。事实上，中国的那些新王朝大多是以民众起义为契机建立的。即便是元、清这样的征服王朝，若未能实现民意也即天命，光靠武力，同样无法存续下去。从这点来说，学习儒学的官僚之存在是不可或缺的。

在韩国，因为从统一新罗、高丽到朝鲜王朝的更替也属于王朝更替，因而同样需要一个理论来使其正当化。所以自然需要文官，需要儒学家。儒家因此便是不可或缺的。举例来说，朝鲜王朝便是以提倡民本主义的郑道传的理论为基础。然而在日本，这种正当化理论则是不必要的。从表面上来看，日本既有儒学，也有官僚，但其实它们不是必需的。其原因便在于，日本并没有发生政权的更替。

天皇的正当性并不取决于任何能力或行为方面的因素，而是完全来源于他的血统。从历史上女帝众多这一情况中，我们也可以看出这一点。甚至还曾出现过婴儿天皇。而那些握有实权者的正当性，则完全来自其对天皇的操控。无论是他是贵族还是武士，那些拥有实权的人物，都会以天皇诏书的形式下达命令。有天皇诏书者便是官军，无天皇诏书者即为贼寇。另外还有一个原则，便是"胜者为官军"。他们实际上做什么并不重要。因此，无论是天皇还是握有实权者，他们的存在所依凭的根据，都不曾被质疑过。

像"天命"这样的想法在日本是没什么受众的。在中国，"天命"不仅是一种理念，还十分具体地与史官这种官僚制度息息相关。史官可以毫不留情地评论统治者。统治者即便可以镇压同时代的史官，却无法制止来自后代的批判。不仅如此，这些进行镇压的事实本身也会被记载下来并遭到口诛笔伐。统治者明白这一点，因而在一举一动之中，他都会留意其历史功过将会被如何论说。

韩国的情况也是这样。从统一新罗到高丽到李朝的更迭是通过武力实现的，但王朝要存续，便必须证明其正当性依据。于是君王、官僚和儒学家们围绕这个问题展开了长期的争论。而这样的争论在日本是不存在的。在日本，人们或许会在私底下议论，但绝不会进行公开的讨论。这样的传统至今仍然存在于日本的政治和经济组织中。

6．表音文字

到现在我一直在讲的问题是，日本尽管引入了律令制，却从未成为一个官僚制国家。尽管日本接受了中国文明，却变成了非常不同的存在。这种事情为什么会发生呢？我是从"亚边缘"的状况出发来说明这个问题的，但现在我想从另一个角度来进行考虑。那就是有关文字的问题。

无论在何处，官僚制都是以官僚对文字（知识）的垄断为基础的。在东亚，这种文字便是汉字。汉字是一种书面文字，无关发音，谁都可以用自己的发音方式去读。从这个意义上说，汉字从周朝便开始作为帝国的语言传播开了。也就是说，汉字在边缘和半边缘地区也得到了广泛使用。话虽如此，汉字是非常难学的。能否阅读书写汉字的人之间，就此产生了决定性的差距。在这个意义上，可以说官僚机构的权力是基于汉字而成立的。

就文字而言，表音文字比较易学，任谁都能很容易地掌握。一旦谁都能容易地接触文字，那么官僚制的权力便会遭到削弱。在历史更为悠久的埃及，尽管文字难学的情况一直都存在，但官僚们却从未想过简化文字。因为一旦简化，官僚就会丧失其特权性的力量。

在朝鲜王朝，世宗国王在15世纪创造并颁布了谚文这种表音文字。他之所以这么做，从根本上来说，是出于从官僚的统治中夺回王权的目的。因此，这项举措遭到了官僚们的抵制。即便在颁布之后，谚文也没有在公共生活中得到使用，因此没能推广开来。

与此产生对照的是，假名这一日本的表音文字，在8世纪到10世纪之间被创造出来。假名不是某个特定人物创造的，万叶假名利用汉字来表音，而在使用万叶假名的过程中，假名自然而然地形成了。万叶假名之所以叫这个名称，是因为7世纪末编纂的《万叶集》采用了它，但一般认为，万叶假名在7世纪之前就已成形了。借用汉字的读音来表记固有词的方法，原本在中国便已有了，而在朝鲜的三国时代也发展出了"吏读"，那是把汉字用作表音的文字记号来补全汉文，从而进行阅读的方式。日本的万叶假名是对其的继承，很可能是由归化的朝鲜人引入的。然而在朝鲜，阅读和书写汉文一直是主要的目的，所以他们并没有朝着把汉字当作表音符号来标记固有词的方向发展。

而朝着这个方向发展的万叶假名，在日本则得到广泛的使用。造成这个结果的一个原因在于，日语发音无论元音还是辅音都十分简单，因此万叶假名的数量很少，学起来容易。此外，假名自然而然地发生了简化。比如"いろは"这个音，在万叶假名中是用"以吕波"来表示的，而用草体书写"以吕波"使其简化后，便创造出了"いろは"这样的假名。另外，如果只取文字的一部分出来，便得到了イ、ロ、ハ这样的片假名。因此，虽说日本的表音文字由假名和片假名构成，然而重要的是万叶假名在那之前便已经成形了。

为什么万叶假名能够成形呢？可以说，这首先是因为官僚制在日本十分薄弱。只要用上万叶假名，那么只需记住几个汉字，便能写出日语的发音来了。对于把读写汉文的能力视作特权的官僚而言，这是一件十分头痛的事情。因此，如果官僚制像在朝鲜那样强势的话，想必万叶假名是无法得到普及的。反过来，由于万叶假名和假名的普及，官僚制的强化遭到了阻碍。

比如说在朝鲜，之所以文官地位优于武官，根本上说是由于武官不充分具备汉诗文的阅读和书写能力。要想熟练掌握汉诗汉文，便没有时间专注于"习武"了。因此，文官始终能够保持其优越地位。然而在日本，武士只要是会写汉字假名混写文，或至少会写假名便没问题了。例如，《贞永式目》这一武家政权的法律，便是用汉字假名混写文写成的。到了德川时代之后的日本，幕府也开始把朱子学作为其意识形态，武士们变得像是官僚了，开始有了学习汉学的义务；然而在这之前，武士们主要专注于"习武"，不去做学问的。之所以这样也无甚大碍，是因为存在着假名的缘故。

7. 亚边缘性和世界-经济

日本之所以会形成武家政权，是因为无法建立一个中央集权的官僚国家体制。封建制的基础是个人之间的契约关系，只要主君给予土地，臣下便宣誓对其效忠。这是一种支配一服从的关系，也是一种互惠（双边）的关系。如果主君不给其臣下恩赐，双方的关系就会结束。武家政权便建立在这种关系之上。

然而，武家政权在15到16世纪之间崩溃了。在我看来，这是因为日本社会没有受一个中央集权的国家所控制，因而交换样式C，也即市场经济得到扩张的缘故。城市在全国各地纷纷涌现。而且，这件事不仅仅发生在日本国内。正是在这一时期，"世界－经济"开始扩张到日本。经由墨西哥而来的西班牙、葡萄牙等地的商人开始与日本进行贸易。许多日本人也为了经商而大量前往东南亚地区。在日本国内，像堺市这样的独立城市蓬勃发展起来。

但更加重要的一点，在于枪械的输入和普及。在西方，枪械的传播使得骑士的存在变得可有可无，这对日本的武士来说也是一样。以前武士为了得到恩赐而自告奋勇上阵与对方单挑，如今这种场面再也不可能出现了。实际上，武士已经没有存在的必要。在众多大名的竞争中成功制霸的织田信长，便尤以擅用枪械部队而闻名。到了信长及其继任者丰臣秀吉的时代，镰仓时代的封建制，或者说那种互惠性的主从关系已经不复存在了。比如说秀吉可能是贱民出身，却最终登上至尊之位（关白太政大臣）。这可谓是"下克上"到了极致，反映了此时封建式主从关系和身份制的消失。

像这样到了16世纪末，一种类似于西方绝对君主制的体制正在逐渐成形。事实上，通过与西班牙和葡萄牙的贸易以及与传教士的交往，信长和秀吉对西方的情况十分熟悉。信长似乎将自己视为一位绝对君主。继承信长地位的秀吉则反过来与皇室接近而成为关白，然而他却并不满足于此，而是想着要征服明朝成为皇帝。事实上，这便是他入侵朝鲜半岛的原因。

然而，秀吉的想法并非毫无根据的痴心妄想。在其计划的背后，不仅有战国时期得到强化的军事力量，还存在着一直延伸到东南亚的广阔商业网络。从那时开始，明朝一直实行的是闭关锁国政策。因此，秀吉希望征服明朝并取而代之，也并非异想天开。简而言之，此时的日本已经加入了"大航海时代"的世界-经济。秀吉的错误在于，他想要建立的是一个大陆的帝国，而不是海洋国家。因此，他一下子就遭遇了挫折。但从某种意义上来说，秀吉一早便做了，并且做失败了的事，正是日本国家在明治以后尝试做的事情。德川家康在秀吉生前对他言听计从，等到秀吉一死，他掌握权力之后，立即便取消了这样的路线。

8. 什么是德川体制

德川体制是很奇特的。从某种意义上可以说，德川家康意图为秀吉搞出的那些事进行善后补救。换句话说，他想要恢复遭到日本破坏的那种旧时东亚秩序。因为秀吉的侵略和破坏，想要恢复与朝鲜的关系并非易事。但家康对此却极为认真。例如，在幕府将军更替的同时，他也开始接待朝鲜通信使的来访。而与朝鲜王朝恢复关系，同时也意味着与册封朝鲜的明、清恢复关系。在这个意义上，德川家康是在尝试恢复东亚的帝国及其边缘所构成的世界秩序。

这也就意味着，信长和秀吉的体制有着接近绝对君主制的方面，而德川却拒绝了这种发展方向。西欧那种绝对君主制的特点在于，它剥夺了领主的封建特权，将他们纳入宫廷贵族以及官僚体系之中。如果信长活得够久，想必也会这么做。另一方面，德川则原封不动地保留了封建领主（大名）。除此之外，绝对君主制所奉行的是重商主义和富国强兵的政策，而德川的做法恰恰与此相反。

首先，德川采取了锁国政策。诚然，他们维持了与荷兰的贸易，且与中国和韩国之间的贸易也并未中断。然而，仅靠这点规模的海外贸易，绝不足以达成16世纪后半叶曾有过的那种经济发展。另外，德川政权确立了将人区分为"士农工商"四等的身份制，其中商人位于最下等。虽然在现实中，商人们常常具有使人纡尊降贵的力量。16世纪时与世界市场的接轨使得商人资本主义开花结果，而德川政权则试图通过上述方式对其加以抑制。

除此之外，家康还从朝鲜王朝引进了朱子学，并将其作为幕府的正式学说。提高儒教的地位，便是否定战国时期盛行的价值观。这也可以说，是使礼乐优越于武艺的做法。尽管如此，家康却并不试图创立一个文官主导的官僚制国家，而是使武士阶层保留了原样。这是因为德川作为武家政权也需要正当性。德川还提倡尊皇学说，因为如果他不这么做，那其他大名就会这么做了。因此在德川政权之下，古代的律令制得到了延续。

此外，德川幕府还禁止军事发展。幕府不仅禁止其他大名，甚至连自己也冻结了枪械等武器的开发。总之，凡是绝对君主制会采取的那些政策，德川政权全部禁止了。他们的原则，是无论在经济或军事领域，都反对一切形式的扩张主义。可以说，16世纪以来，正要朝向世界市场、朝向现代发展的日本社会，被德川政权所制止了。简言之，德川幕府拼命试图抑制16世纪中展开的世界-经济（交换样式C）的渗透，却终究未能做到这一点。世界-经济不仅仅是从内部侵蚀了德川体系，它同时也出现在外部，以迫使日本开国的美国黑船的形态席卷而来。

明治维新以后，日本经历了工业资本主义的快速发展。然而，这个过程与其说开始于明治时期，不如说在16世纪便曾经一度存在，只是被随后的德川时期所压抑。明治的发展是摆脱了这种桎梏的结果。从这个意义上说，明治日本的帝国主义者们当然会去担当起秀吉的角色了。

另一方面，韩国的情况又是如何？在打败了秀吉的军队后，李朝又遇到一个伤脑筋的问题：从来被他们鄙为蛮夷的女真（满族）人努尔哈赤打败了明朝，并建立清朝。于是，李朝的人们开始自视为明文化的真正继承者。也就是说他们开始具有一种观念，认为自己才是真正的"中华"。在19世纪中叶的鸦片战争之后，当清朝开始尝试实现一定程度的现代化时，具有强烈"中华"意识的李氏王朝则拒绝开国。然而从某种意义上说，这可以说是一种"边缘"所特有的现象。

这样一个作为"边缘"的韩国和作为"亚边缘"的日本，

便在 1870 年代那种世界性的背景之下遭逢了彼此。此后发生了什么？这是各位都非常清楚的事了。

注：本次演讲内容基于《帝国的结构——中心·边缘·亚边缘》（青土社，2014 年）一书。详情请参考该书内容。

"哲学的起源"与"太阳花革命"

1. 伊奥尼亚的无统治（isonomia）
—— 与雅典民主主义的区别

今天我来到这，是因为《哲学的起源》在台湾出版了，我受邀在此之际讲点什么。这本书的想法是在《世界史的构造》（2010年）出版后不久产生的。当时我考虑将希腊作为我的下一项工作的主题。这是因为在写《世界史的构造》时，出于全书的平衡考虑，我没有空间充分地讨论希腊。

为什么是希腊？从黑格尔、柏格森、海德格尔直到阿伦特，西方思想家们一直主张希腊在世界史上是独一无二的，至今仍值得作为典范。我并不反对这一点。但是我认为，把希腊视为"西方"，是一种极其西方中心主义的偏见。从埃及、波斯这些亚洲文明的角度看，希腊文化诞生于远离中心的地方。可以说，正是处于这样的位置，使希腊形成了自身的独特之处。

我首先要说清楚的一点是，希腊文明之所以至今仍有值得效仿之处，并非因为它发展到了一个先进的阶段。相反，从中心的角度来看，希腊尚处于落后而原始的阶段。然而，希腊既没有完全脱离亚洲文明，却也并非完全从属于后者的边缘区域。我把这种情况与边缘区别开来，称为亚边缘。亚边缘吸收从中心传来的文明，但这一过程却是有选择地进行的。换句话说，它在从中心吸收文明时，却不吸收它所不喜欢的东西。这样一种亚边缘性的地位，使得希腊得以避免变成亚细亚式的文明，也即避免走上专制国家的道路。

希腊社会之处于落后阶段，具体体现在它仍然是一个氏族社会。马克思也认为，希腊之所以城邦丛生而没有形成一个统一国家，正是因为这个缘故。此外可以说，民主制之所以在希腊产生，也是缘于氏族社会残存。氏族社会中是存在某种民主制的。这方面的一个著名的例子是美洲的易洛魁人。他们形成一个部落联盟，并定期召开议会。他们不使用少数服从多数的原则，而是持续进行讨论，直到不再存在反对意见。另外，他们还用互相投票选举的方式来选出首领。这样的机制不仅存在于狩猎-采集者的部落社会。它也或多或少地存在于游牧民社会之中。

顺便想提请各位注意一点：西方的思想家们认为，希腊式的事物是经由罗马传入欧洲的，但这种认识也值得商榷。希腊式的事物为什么会传入欧洲？这并非因为欧洲是一个非亚细亚式的、高度发达的文明。相反，这恰恰是因为欧洲是个原始社会，也就是说，那里有着氏族社会的残留。恩格斯曾经正确地指出过这一点。

而中世纪的农奴实际上却作为阶级而逐渐实现了自己的解放，——如果是这样的话，那末，这一切如果不是归功于他们的野蛮状态（由于这种野蛮状态，他们还没有达到充分发展的奴隶制：既没有达到古代的劳动奴隶制，也没有达到东方的家庭奴隶制），又归功于什么呢？

凡德意志人给罗马世界注入的一切有生命力的和带来生命的东西，都是野蛮时代的东西。的确，只有野蛮人才能使一个在垂死的文明中挣扎的世界年轻起来。而德意志人在民族大迁徙之前所努力达到并已经达到的野蛮时代的高级阶段，对于这一过程恰好最为适宜。这就说明了一切。（《家庭、私有制和国家的起源》《马克思恩格斯全集第二十一卷》大月书店，第157页）[1]

然而，这种原始性却不是直接便带来了希腊文明。比如，在此之前南下的希腊人所创立的克里特以及迈锡尼国家，其实就是埃及式的专制国家。换句话说，氏族社会向专制国家转型，这才是比较常见的情况。希腊也存在这样的倾向。虽说氏族社会的传统仍有遗存，但那更多是基于传统家族地位的贵族制。因而在这个意义上，希腊的民主制是经由否定氏族制度诞生的。

那么造成这种情况的因素从何而来呢？可以说并非来自希腊本土，而是产生于他们殖民的伊奥尼亚诸城邦。伊奥尼亚

---

[1] 中译引用自《马克思恩格斯全集》第二十一卷，人民出版社，1965年，第177—178页。

所处的位置，位于如今土耳其领土内的沿海地区。前往伊奥尼亚的殖民者们所创建的城邦（commune[公社]），既保留了氏族社会的平等性，同时又摆脱了氏族社会的排他性。正是在这样的伊奥尼亚城邦中，诞生了"无统治"（isonomia）的原则。

后来在雅典，梭伦等人试图将无统治的原则引入贵族制占主导地位的社会中。结果便是雅典的民主制。但是事实上，伊奥尼亚的无统治与雅典的民主制之间，存在着质的区别。在这方面，我从汉娜·阿伦特那里获得了一点启发。

正如阿伦特所指出的，-cracy 这个词根是统治的意思。所谓的民主主义/民主制（democracy）便是指多数人统治。她还指出，与此相对，isonomia 就是"无统治"（no rule）。遵从这一观点，我的考察是从对"无统治"和"民主"的区别开始的。但阿伦特本人没有进一步思考这个问题。

人们常说，雅典的民主制与现代民主制不一样，是直接民主，而现代的则是代议制民主云云。但在我看来，两者间的区别并没有那么大。比如雅典的公民大会，妇女、外国人和奴隶都是参加不了的。因此，他们的意愿被排除在考虑范围之外。这与如今的代议制民主很类似。因此，参考雅典的民主制，并不能让我们超越现代民主制的缺陷。我们应当参考的并非雅典的民主，而是伊奥尼亚的无统治。

比如说，在如今的社会中，自由与平等是对立的。如果任由人们自由行事，便会产生经济上的不平等。当人们要求经济平等时，他们的自由便会受到限制。也就是说，如果变得接近社会主义，自由就会遭到约束。因此，要自由还是要平等，两者间存在着持续的斗争。雅典的民主制也是如此。无产阶级想重新分配有产阶级的财产，有产阶级则对其加以抵制。唯一能让他们握手言和，达成一致的只有战争，也即掠夺别国财产的时候。因此，雅典的民主制总是一再由鼓吹战争的煽动家们所主导。

然而，在伊奥尼亚的无统治中，自由和平等之间并不存在对立关系。在那里，人们正是基于自由，才在经济上相互平等。这究竟是如何可能的？无统治确立于殖民者们所创建的社会中。在这里有两个条件，首先是殖民地要独立于宗主国，第二是需要存在足够多可供殖民的土地。这两个条件是必不可少的。

我曾举过两个例子来说明由殖民者形成的无统治式的社会。一个是 12 世纪左右的冰岛社会，另一个则是 18 世纪左右欧洲殖民者在北美建立的城镇（town）。对此，阿伦特已进行过详细讨论。然而她却并没有意识到，市镇（township）与无统治是相同的。

伊奥尼亚和冰岛都已经是遥远的过去了，但美国的城镇是在 18 世纪建立的，留存下来许多资料。从中我们可以多少推测出一些伊奥尼亚的情况。比如说在美国，殖民者会从城镇获得一定规模的土地。不同人拥有的土地规模大致是相等的。这些人所拥有的土地不会超过各家庭有能力耕种的面积。这并不是因为有什么禁令，而是那样一来他们就必须雇人，然而却可人可雇。因为当土地不足时，人们便会离开城镇，也即前往开发地区边缘（frontier），而不是在别人的地里劳作。因此，每个人都没有剩余的土地。这么一来，财产分配就变得平等。像这样，移动的自由使人们变得平等。因此我们可以说，自由带来了平等。

像这样，殖民者并非通过氏族传统，而是基于"社会契约"形成新城邦的地方，不仅在土地所有上没有财产差距，职业上也没有贵贱之分。在希腊本土，牧业、农业和军事受到重视，而贸易和制造业被人们瞧不起。然而在伊奥尼亚，却并不存在这样的歧视，因此贸易和制造业才会有显著的发展。从这样的条件下，"自然哲学"得以孕育而生。

顺便说一下，希腊字母的创制与普及，正是在伊奥尼亚发生的。在埃及，由于书写能力很难学会，能够写字的书记官因而握有大权；然而在伊奥尼亚，几乎每个人都能阅读和书写。此外，他们还铸造货币，并且任市场决定食品等的价格。因此，他们不需要一个基于官僚制的国家体系。荷马史诗是全体希腊文化所共有的，而这荷马史诗也是用伊奥尼亚方言写就的。尽管题材出自迈锡尼时代，荷马史诗的内容反映的却是伊奥尼亚社会，也就是无统治式的社会。

殖民者在伊奥尼亚建立的第一个城邦是米利都，然而在米利都人满为患之后，人们又四处殖民，陆续建立了其他城邦。其中之一的以弗所，便是思想家赫拉克利特的出生地。等到伊奥尼亚的城邦也都挤满了人时，他们又开始朝意大利南部地区殖民。伊奥尼亚的文化便随之传播到了意大利。这方面的代表，便是包括巴门尼德在内的伊利亚学派。赫拉克利特、巴门尼德所继承的都是伊奥尼亚式的思想。虽然属于不同的城邦，但可以说，他们都生活在一个世界城邦（cosmopolis）之中。

另一方面，希腊本土又是怎样的情况呢？与伊奥尼亚不同，本土的城邦以畜牧业和农业为主，随着货币经济的发展，那里逐渐产生了阶级不平等和冲突。对此，存在着两种可能的解决方案。其中一极是斯巴达的"共产主义"。他们取消了货币经济，建立了一个军国主义体系。在这里，平等是有保证了，但却不存在个人自由。与这对立的另一个极端，则是雅典的民主制。也就是说，雅典人试图在维持货币经济的同时防止阶级不平等。这便是民主制。

最开始，贵族统治是由僭主所推翻的。人们通常会认为民主制是推翻僭主统治的结果，实际上，民主制是对僭主制的继承。放到现代来说的话，就相当于这个情况：按理说，以国民主权为特征的国家，是资产阶级革命推翻绝对君主制之后建立的，然而在实际上，那却是建立在由绝对君主所确立的架构之上的。在封建制度里，人们为众多的身份和地区所分割，像"国民"这样的共同身份是无法成立的。随后在绝对君主制之下，所有人都成了臣民，隶属于作为主权者的国王。再后来，当绝对君主制为资产阶级革命所推翻时，这样的臣民 subject，便成了主体 subject。那也便是作为主权者的"国民"（nation）了。

就日本而言，在明治维新过程中，天皇作为主权者是不可或缺的。在这之前，人们在德川的封建制度下被分割开来，以多样的状态存在。通过使所有人成为天皇的臣民，国民-主体才得以形成。在这之后，人们所谓的"大正民主主义"才成为可能。

同样的在雅典，乍看之下，民主制似乎是通过推翻僭主而建立的；然而事实上，超越氏族的那种"demos"正是在集权的僭主制之下形成的。所以说，民主制就是"demos 的统治"。简单来说，那便是通过对有产者征税来重新分配财富。因此在雅典公民大会上，始终存在着有产阶级与无产阶级之间的斗争。正如上文所说，他们只有在一件事上可以毫无怨言地达成一致意见，那便是在侵略和掠夺他国的政策上。在这一点上，雅典的民主制与现在的民主制度有类似之处。所以说，雅典的政治当然是成为榜样的，只不过，它是一个坏榜样。

伊奥尼亚的无统治跟这种民主制是两回事。伊奥尼亚根本不存在氏族式的排他性。之所以会接受移民的进入，也是出于这个原因。此外在那里，富人和穷人之间没有什么区别。理所当然，也不存在对女性和外国人的区别，不存在奴隶制。雅典有的那些东西并不存在于伊奥尼亚。那么，那里究竟存在着怎样一种思想，或者说哲学呢？在提出这个问题时，我们在问的便是"哲学的起源"。

雅典的哲学家们把伊奥尼亚哲学称为自然哲学。意思就是说，作为一种哲学，那仍然处于起步阶段。在他们看来，只有到了苏格拉底之后，才终于开始了对人性、道德的探索。然而，苏格拉底我们另当别论，在柏拉图、亚里士多德那里，我们哪里能找到什么普遍的道德性呢？比如亚里士多德就曾说，奴隶生来便是奴隶。也就是说他认为，奴隶是基于自然（physis）的。

相反，伊奥尼亚人则不赞成奴隶制。另外，后来被叫成

"智术师"（sophist）的人们也继承了这一态度。他们认为在自然（physis）中人人平等，而市民与奴隶之间的区别，不过是人创造出的规范（nomos）罢了。当伊奥尼亚的哲学家们探讨"自然"之时，说到底他们是在重新思考人是什么，人应当做什么的问题。

在伊奥尼亚自然哲学的继承者中，我想提请各位注意历史学家希罗多德和医生希波克拉底。希罗多德在考察各国的历史时，完全没有任何本民族中心主义的心态。然后是医生希波克拉底，在那个时候，人们普遍认为癫痫是中邪造成，而他却认为那是自然（physis）的紊乱，也就是大脑出了状况。在这方面，他显然继承了自然哲学。然而不仅如此，希波克拉底还基于另一种 physis 思考了医学的伦理。比如，他把"要平等对待所有病人"和"要为病人保守秘密"确立为医生必须遵从的准则，而这一直沿用至今。因此，如果说只有雅典的哲学家思考了道德问题，伊奥尼亚的自然哲学家没有思考，这从根本上便是荒谬的。

2. 毕达哥拉斯——几何学与轮回观念

我们前面讲到，使无统治成为可能的条件在于存在足够多可供殖民的边缘地带（frontier），这样一来，一旦土地不够用，便可以移居到其他地方。反之，当这个条件不再满足时，无统治便会瓦解。美国市镇的情况便是如此。英国人后来与印第安人达成协议，限定了殖民地的范围。美国人之所以要从英国人那里寻求"独立",是为了挣脱这一限制,获得入侵印第安人土地的权利。

一旦不再有边缘地区,无统治便不再能存在于伊奥尼亚的城邦中。人与人之间土地的保有量会拉开距离,阶级冲突也会出现。随后为了解决这个问题,僭主便会应运而生。事实上,伊奥尼亚的哲学家们正是当无统治面临危机的关头想要维护它的人们。当无统治存在时,因为那太过理所当然,所以谁也没有想过它到底意义何在;只有当它遭到损害,人们才终于明白过来。

与美国的市镇类似,伊奥尼亚的无统治只能是在一定的历史条件之中,也即土地足够充裕的情况下才可能存在。一旦这个条件消失,无统治便无法存续。然而,这并不意味着无统治的意义就此消失了。相反,它的意义只有在消失之后才能被人们发现。

刚才我提到,希腊的自然哲学家是在无统治面临危机的状况下展开思考的,而一些乍看似乎与伊奥尼亚哲学没有联系的哲学家,其实也是符合这一情况的。其中一位便是萨摩斯岛的毕达哥拉斯。当时的萨摩斯岛已经确立了僭主统治的政治体制。毕达哥拉斯于是与他的挚友波吕克拉忒斯一起着手恢复无统治。然而到最后,他的这位挚友自己成了僭主。于是他离开了萨摩斯岛,开始四处漂泊。据说他当时到过印度一带。毕达哥拉斯最后来到意大利,创立了毕达哥拉斯教派,并创建了学院(academia,后来被柏拉图效仿)。

如此看来,在伊奥尼亚发生的事对毕达哥拉斯来说肯定具有根本的重要性，然而却没有任何人就此进行过论述。此外，他还对从亚洲输入的神秘主义、灵魂转世的观念十分关注。不过，之所以说毕达哥拉斯骨子里是伊奥尼亚式的人，在于他对几何学的一贯重视，在这点上，他至今仍因毕达哥拉斯定理而为人们所熟知。诚然他确实受到了亚洲思想的影响，但这也是基于他在伊奥尼亚的政治经验。

此后毕达哥拉斯去了意大利的克罗顿，试图重启以失败告终的社会改革。他的教派是一个所有成员不但在经济上平等，且在男女两性上平等的共产主义式的团体。这么做的时候，他从过去的经验中得到了如下认识。首先，不能把一切交由大众的自由决断，因为这将会导致独裁制－僭主制，并最终压抑大众的自由。另一个想法则是，领导人必须是一个超越肉体束缚的哲学家。因为若非如此，领导人自身便会成为一个独裁者，正如他的挚友那样。

这样的想法中，已经有了后来柏拉图所谓的哲人王或者说哲人政治的原型。事实上，柏拉图很受毕达哥拉斯教派的影响。但我认为，柏拉图之所以对毕达哥拉斯有共鸣，是因为他自己在雅典的经历与毕达哥拉斯在伊奥尼亚的经历有相似之处。在柏拉图看来，雅典的民主制度害死了苏格拉底。他在苏格拉底遭到处决后逃离雅典，游历四方，并在途中遇见了毕达哥拉斯教派。对民主制的怀疑和对哲人政治的倡导，是基于柏拉图自身在雅典的经验，但那同时也是毕达哥拉斯所经历过的事情。

3. 苏格拉底——代蒙和广场

接下来要谈的问题，便涉及这位苏格拉底。人们一般认为，与苏格拉底最亲近的人非柏拉图莫属，毕竟他写下了那么多苏格拉底在其中登场的对话录。然而，真正的苏格拉底其实与柏拉图笔下的那个人物判若两人。比如，据称苏格拉底区别于伊奥尼亚的自然哲学家，头一次思考了人和道德的问题。然而我对此十分怀疑。正如刚才所说，伊奥尼亚的哲学家们具有的人性和道德性要多得多。

我的想法是这样的，苏格拉底与其说是批判了伊奥尼亚哲学，不如说是在试图恢复它。换句话说，他试图在雅典的民主制中恢复伊奥尼亚的无统治。重要的是，苏格拉底并不是有意识地这样做，这是整件事中最有意思的地方。并且，苏格拉底的神秘之处也在于此。

首先我们应当注意的是来到他身边的代蒙（精灵）。苏格拉底具有感知代蒙那种超自然存在物的能力。不过，像这样的人就算在今天其实也并不罕见。苏格拉底的独特之处在于，代蒙指示他去做的事情非常特别。其中最重要的一条，是禁止苏格拉底作为公共人活动。简单来说，就是要求他别去参加公民大会。此外，代蒙还要求苏格拉底要为正义而战。

参加公民大会对于一个雅典公民而言既是特权，也是义务。然而来到苏格拉底面前的代蒙却要求他放弃参与。这对于一个雅典公民来说是非常严重的事情。只有积极参与公民大会，一个人才会被视为合格的公民。富人家的子弟之所以支付酬劳给智术师向他们学习,也是为了能在公民大会上表现出众。然而,代蒙的指令却是不要去公民大会,并且要为正义而战。

因此苏格拉底所做的,便是前往 agora（广场或市场）。他的"为正义而战",便是在那里与人们展开问答。公民大会是一个公共场所,而广场（agora）则是私下的地方。但它并不仅仅是私下的,它甚至比公民大会更加普遍地开放。例如,妇女、外国人和奴隶都是不允许进入公民大会的,但在广场上却有所有类型的人。广场虽然不同于公民大会,但它却是一种类型的议会（assembly）。

公民人会被称为民主制（democracy）。今天人们称其为直接民主主义,然而实际上,它是由作为统治阶级的公民,也即 demos 实行统治的制度,这便是所谓的 democracy。然而另一方面,广场上存在着大量并不属于 demos 范畴的人们。那么,苏格拉底到底想在广场上寻求些什么？在我看来,他想找的便是 isonomia（无统治）。当然,苏格拉底并非有意识地想做这个,而是在遵照代蒙（精灵）的指令行事。

在雅典,公民大会和广场,公共和私下,这些事物的价值排序是再清楚不过的。然而,代蒙在禁止苏格拉底以公共人活动的同时,又要求他不要退出城邦或政治,而是要作为一个普通人为实现正义而努力。代蒙的指令换句话说,就是要求使城邦成为没有公共人和私人之间区别的地方。

然而事实上,曾经的伊奥尼亚,便是一个不存在公共人与私人之区别的社会,也就是说,那是一个不存在公民大会和广场之间区别的社会。这便是无统治。伊奥尼亚没落之后，无统治不但瓦解了，而且还遭到人们的遗忘。只不过在伊奥尼亚的自然哲学流派之中仍有些微的存续。据说苏格拉底年轻时曾学习伊奥尼亚的自然哲学，这在阿里斯托芬的喜剧《云》中也有过描写。但苏格拉底并非以这样的方式传承伊奥尼亚精神（无统治）的。在他的情况里，那是以代蒙指令的形式被回忆起来的。

用弗洛伊德的话来说的话，所谓代蒙的命令，是一种"被压抑者的回归"，是强迫性地发生的事情。其结果是，苏格拉底想要把无统治导入雅典，所以他才会前往广场。而苏格拉底之所以被人们看成对雅典民主的威胁，也是因为这个原因。柏拉图却曲解了这一点。

4. 关于"太阳花革命"

我开始在杂志上连载《哲学的起源》始于2011年5月前后。在这之前的3月11日，发生了东日本大地震和福岛核事故，然后4月爆发了游行示威。我当时去参加了游行。之后我是一边参加游行一边写作《哲学的起源》的。当时，我感到自己能理解苏格拉底为什么会去广场，而不是去民众大会了。

据说在广场上，苏格拉底不分对象地与所有人展开问答。问答的内容是什么呢？在柏拉图的《对话录》里，问答过程都是朝着某一个终点（目的）前进的，其过程顺畅无比。这里的这种对话，实际都是自我对话，也就是内省，而并不是与别人的对话。跟别人对话的时候是不可能那么轻易地完成的嘛。比如第欧根尼·拉尔修写过，苏格拉底的那种问答法，常常会把对方激得勃然大怒。为此，他时常遭到人们的拳打脚踢，然而他总是默默忍受着。当有朋友建议他去起诉别人时，他如此回答："但是，倘若踢我的是一头驴，你难道还要我去起诉这头驴不成？"（《名哲言行录》）

在游行前往国会周边的时候，我曾这样想：国会放在雅典来说的话就相当于公民大会。在那里，在选举中当选的人们掌握着权力。在他们看来，这便是民主制。这的确没错。但是这么一来，国会外的游行和集会又是什么呢？作为主权者的国民，到底是站在国会那一边，还是站在游行和集会那一边呢？

在那个时期，我写过一篇题为《双重的 assembly》的评论。无论是议会还是集会、游行，在英语里都是 assembly 这个词。议会和游行、集会虽然被认为是相互对立的，但它们本来其实是一回事，而且 assembly 古来就有。用日语来说，assembly 其实就是"寄り合い"（集会），那是在每个村庄里都有的。

比如卢梭在他的《社会契约论》里指出，只有在参加集会的时候，人民才拥有主权。但卢梭又说，在英国的代议制（议会制）那里，人民只能拥有一天的主权，在那之后他们便只能服从于其代表。如果是这样，那么他所说的 assembly 指的是什么呢？与其说是议会，不如说是游行、集会那样的东西才对。其实在欧洲，议会最初正是游行、集会的方式发轫的。

通常情况下，议会和集会、游行是相互分开的。或者说，人们一般会把两者看成两码事。然而在某些时刻，他们也会交叉。例如，当 2012 年 6 月政府强行重启核电站时，每天都有数十万人包围国会。当然，示威者并没有冲入国会内部。相反，他们甚至在结束后打扫了集会现场。此后，国会方面也有议员前往游行现场与示威者洽谈。国会中的 assembly 和国会外的 assembly 哪个更重要，问这样的问题是不对的。两者同样必要，是种缺一不可的关系。

2014 年 3 月，台湾地区发生了"太阳花运动"，也即占领"立法院"事件，此后我重又开始思考双重 assembly 的问题。在这个事件里，游行、集会的一方是进入了立法机构的。也就是说，尽管只持续了很短的时间，两种集会曾经合二为一。诚然，类似的情况未来不可能再发生，下次再来的话肯定会被阻止。然而，执政当局却无法从根本上阻止作为主权者的人民出现，而后者必然会出现。比方说古代就曾出现过。

苏格拉底不去参加公民大会，而是在广场上与人问答，这便是我想举的例子。如果从"太阳花运动"出发来看，我们将能更好地理解苏格拉底在广场上为正义而战，并且常遭人拳打脚踢这件事。我所说的"哲学的起源"，或许距离我们并没有想象中那么遥远。

山人与山姥

1

2014年，我写了一本关于柳田国男的书，名叫《游动论》（义春新书）。当我把这本书送给水田宗子女士后，她给我寄来了她以前编写的《山姥的故事》（学艺书林，2002年）一书，以及一封郑重的感谢信。她在信中写道，若是知道我在《游动论》中谈到的山人论，或许就能更加深入地考察山姥的问题。然而实际上，我从她撰写的论文中也同样收获良多。因为我一直在讨论山人，却没有思考有关山姥的问题。因此在收到水田女士的讲座邀请时，我觉得可以借此机会进行一番思考，便接受了下来。

首先，我之所以想到写柳田国男的山人论，是因为在那之前，我一直在思考游牧的狩猎采集者的问题。关于这一点，我们有必要从《世界史的构造》这本书开始讲起。简单来说，我在那本书里提出一个观点，即从交换样式来理解社会构成体的历史。较之于从生产方式来看社会构成体历史的马克思而言，这是一种批判性的继承。

交换样式包括A、B、C和D四种（见本书第151页）。先来讨论第一个样式A，也就是赠予和回馈这种互酬交换活动。自马塞尔·莫斯以来，原始社会建立在互酬原则之上已经成为常识。然而，那并不是从人类历史发端开始便存在的情况。在狩猎采集者还处于游动状态时，并不存在那种互酬原则。问题在于，互酬是从什么时候怎样开始的。

在我看来，互酬始于定居。然而说真的，我们无法知道游动的狩猎采集者的社会究竟是怎么样的。我们能知道现存的游动的狩猎采集者，但他们并非从古至今都像现在这样行事。卡拉哈里沙漠的布须曼人，其实是遭到驱逐，离开了他们过去的定居地。列维·斯特劳斯所写的巴西游牧民族（南比克瓦拉族）也曾有过定居时期。换句话说，我们今天能够遇见的那些群体并非是原游动民。

如今残存的游动民，一般生活在那些人烟稀少、环境严酷的山区、沙漠或丛林中。然而，最初的游牧民族理应生活在更容易进行狩猎和采集的地区。我们可以说，如今那些游动的狩猎采集者，都是遭到驱赶，被迫逃入山区、沙漠和丛林的。因此，他们显然与原游动民不同。不过，我们可以把他们作为线索，来思考原游动民究竟是怎样的。

例如在《资本论》的序言中，马克思曾写道："分析经济形式，既不能用显微镜，也不能用化学试剂。二者都必须用抽象力来代替。"所谓的"抽象力"，也就是思想实验一类的东西。就是说，要弄清原游动民的性质，我们只能在调查现存游动民的基础上，通过一定的思想实验来加以阐明。

这样来考察的话，我们大致可以得出以下结论。在原游动民的社会中，由于人们不断地进行迁移，因而他们无法积蓄物资。因此，他们只好把多余的东西全部分掉，也送给他们的客人。对此他们不要求任何回报。因为在不断迁移的状态下，他们并没有接受回报的机会。因此，在那里并不存在由馈赠与回礼构成的互酬性（交换样式A）。互酬性的前提是定居状态，那样一来人们才会跟他人保持一种稳定、持续的关系。

因此可以说，互酬性原则是定居之后才开始出现的一种体系。下一个问题是：人们为什么要定居？人并非因为喜欢定居生活而开始定居的。比如说，现在的那些游动民和游牧民也并不喜欢定居。除非遭到国家的强迫，否则他们是不会定居的。这是因为定居势必会带给他们许多以前没有过的问题。比如一旦定居下来，人必须与大量的他者共存，这便势必会造成各种各样的冲突。不仅如此，定居使得人与死者之间的关系变得难以处理。在游动状态下，人们只要埋葬死者然后离开就好了。定居之后，人们便不得不与死者的灵魂共同生活。这就是人们厌恶定居的缘由。即便他们知道定居生活更加轻松，他们也会避免那样做。

那么，为什么人们还是定居下来了？这是因为游动式的狩猎采集生活变得难以为继了。这大约发生在公元前8000年最后一个冰河时期结束的时代。随着冰川退去并让位给草原，可供捕食的动物数量逐渐减少。人们开始在湖岸和海滩定居，从事渔猎活动。而一旦定居下来，他们自然而然便开始了简单的农作物栽培和畜牧活动。比如畜牧的话，只要在地面挖个洞，或是围上一圈木栅栏，把活捉来的动物放进去就好了。

生活在日本群岛的绳文人又是如何？他们一直都是定居者，虽然也从事狩猎活动，但更多是依赖渔业为生。他们的渔业主要也是在河川中进行的，捕捞的主要是像鲑鱼之类，为产卵而逆流上游的鱼类。绳文人是因为他们拥有的那些陶器而得名的，而陶器制作与定居生活密不可分。因为处于游动状态的话，根本不可能携带陶器。然而一旦拥有陶器，保存食物便成为可能。换句话说，财富的积累便成为可能。如此一来，人与人之间便产生了贫富差距，权力也就此诞生了。

互酬原则抑制了这一状况。三条强有力的成规（法）逐渐形成了：要赠予；要接受他人的赠予；受赠予之后要回馈。这样的原则抑制了财富和权力的集中化趋势。

再来，前面已经提到，定居之后出现的另一个问题，是与死者之间的关系问题。死者的灵魂（anima）是憎恨活人的，所以必须对其加以安抚。这便是举行葬礼仪式的原因，而那其实也是对死者的一种赠予。一旦收到了赠予，灵魂一方也不得不进行回馈。祖先崇拜和氏族神祇的宗教，正是在这种与死者的互酬关系之中诞生的。

同样基于赠予的互酬性而成立的事物还有巫术。从原游动民的时代开始，人们相信万物都有灵魂，泛灵论信仰从那时起便已经存在，然而当时却并不存在巫术。那是因为当时并不存在互酬交换。比如说，祭祀活动便是互酬性的，是向神灵赠予、献上牺牲，并以此迫使其回馈的行为。

另外，脱离与邻近地区其他部族之间的关系，赠予的互酬原则便无法成立。部族间的和平是通过互酬关系实现的。婚姻也是一种馈赠。也就是说，通过将女儿或儿子送给其他部族，并在下一代时回礼，部族间便通过联姻行为而结成关系纽带。因此，外婚制归根到底是一种互酬原则。另外，互酬性也带来了乱伦禁忌。为了实现外婚制，也就是为了把儿子和女儿向外部赠予出去，就要严格地禁止兄弟姐妹内部的性关系，这便是乱伦禁忌的由来。在原游动民的阶段，人们只是自然地避免乱伦，并没有特别地禁止。

然而问题是：这样的互酬交换是如何产生的？如今的人类学家不会提这样的问题。人类学家通常不关心游居的狩猎采集者与定居的狩猎采集者之间的区别。相比起游居与否，他们更关心的是狩猎采集者这一身份。然而事实上，人类的定居是一个划时代的事件。正是通过定居，互酬原则才得以确立。那么这是如何发生的呢？

这个问题上对我们可以有所帮助的是弗洛伊德的想法。在他看来，意识之中的被压抑之物必然会回归。且在回归时，被压抑之物会采取一种强迫性的形式。弗洛伊德是从精神分析中得到这一认识的。从这个观点出发，他写下了《图腾与禁忌》这本书。

弗洛伊德在这里探究的虽然是图腾制度的起源，但同时也是在探索互酬性的起源。如前所述，对乱伦的禁止源于外婚制。这就是乱伦会被严格禁止的原因。那么，这又是如何产生的呢？根据弗洛伊德的理论，首先是有一个垄断所有女性的"原父"存在。后来，儿子们联合起来，杀死了父亲。然而由于儿子们对父亲怀抱一种矛盾（爱恨交织）的情感，在杀死父亲后，他们在对父亲怀有悔恨、罪恶感的同时，又变得尊敬父亲，并且开始实践起父亲的禁令来。也就是说，他们开始禁绝女性。在弗洛伊德的看来，这便是对乱伦的禁止。

但是，我在《世界史的构造》中写过，根本不存在原父那种东西。原父是在氏族社会之后才出现的。换句话说，原父是将国家或家长那样的存在投射到过去而得到的结果。认为原父从一开始便存在是不恰当的。游动民的社会中，并不存在那样的东西。

弗洛伊德所说的原父，是援引自达尔文和当时其他学者的观点。如今这个观点已经被否定了。但我认为，我们不必完全放弃弗洛伊德关于弑杀原父的理论。比如我们可以这样想：由于定居之后的社会中"原父"那样的存在不可避免要出现，所以需要反复进行弑杀他的仪式，即图腾仪式。换句话说，有必要通过互酬交换，来阻止定居、积累而产生的财富和权力的不平等。

然而，人们不可能是为了这样的目的而发明和采用的互酬交换。因为这样一来，互酬所具有的强烈的重复强迫性便无法得到解释。这就是为什么弗洛伊德假设了弑杀原父，但那却并不怎么说得通。尽管如此，弗洛伊德的主张还是有必要的。然而，重要的是后期的弗洛伊德。后期弗洛伊德在第一次世界大战后遇到了战争创伤后遗症的患者。为了解释他们那种重复的强迫，他发展了"死亡驱力"的概念，用以指称有机体回到无机体状态的冲动。

我认为，对于游动民定居下来之后的社会，我们也可以做类似的主张。在游动民的游团（band）社会中，人口的数量有限，而且随时都可能切断与他人的联系。可以说，它们是一种"无机物"。但在定居之后的社会中，他们大都相互结合而变成了"有机体"。这是一个充满了冲突和矛盾的状态。所谓互酬性，可以理解为一种重复强迫性的系统，迫使人们摆脱这种不稳定的有机体形态，返回到无机状态的那种"驱力"。

定居之后，人们便产生了回归到过去游动状态的驱力。人们并未在意识上认识到原游动性。然而尽管没有意识，它却存在于他们的无意识中。在这个问题上，我认为我们可以参考拉康的理论，他的理论是以后期弗洛伊德（死亡驱力）为出发点的。我所说的交换样式A与拉康所说的象征界相对应。实际上，拉康在思考象征界的时候，是以列维-斯特劳斯关于亲属关系结构的理论为基础的。

在定居后，游牧民会形成以交换样式A为组织原则的社会。可以说，那是属于象征界的，而且是属于象征界中的"法"的。在这一情况下，原游动性虽然遭到压抑，却还继续执拗地存在着。拉康把那称为真实之物（实在界）。实在界尽管遭到驱逐，却顽强地存在着，并且始终试图回归。实在界虽然无法得到表征，但却是真实存在的。

2

以上是我今天讲话内容的理论框架。我最初开始思考游牧民问题，是因为前年（2012年）秋天获得在中国的中央民族大学做演讲的机会，这所大学的老师和学生有七成以上是少数民族。有游牧民，但大多数是来自云南省的山地民。以此为契机，我开始考虑起了让柳田国男深深着迷的山人问题。

柳田长期从事研究，留下了难以胜数的业绩，但在我看来，"山人"才是柳田一以贯之的主题。需要注意的是，柳田是把"山民"和"山人"区别开的。"山民"和"山人"之间存在着本质的区别（因为两个词发音接近容易混淆，下面我把山民称为山地民）。两者的区别便在于，"山地民"曾经是住在平原地带的，而且在移居山地之后，他们依然以某种形式与平原地区保持着联系。相反，山人则对平原地带没什么兴趣。

比如，有一本书叫《逃避统治的艺术》（詹姆斯·C. 斯科特著）。最近，这本书的日译本也出版了。该书讨论了生活在缅甸、越南、泰国和中国崇山峻岭间的山地民。人们一般会以为他们是古代山地部族的后裔，但斯科特指出，他们过去曾经在平原居住，只是因为拒绝国家的统治而逃进了山里。此后，他们依然与平原居民进行交易。在一些情况下，他们还会下到平原并形成国家。

那么如果参照柳田的区分，他们属于山地民。日本武士也曾是居住在山地的猎人－农民，他们从山上下到平原，并形成国家。同样，拉美的国家也是由从山上下来的猎人形成的，这些人也是山地民。

与之相对，柳田所说的山人指的是游动的狩猎采集者。不过他们不仅仅是游动的。例如，如今存在的那些刀耕火种的狩猎采集者是游动的，但他们却不是山人。他们若不是过去曾一度定居过，便是掌握了农业技术的人们。柳田认为，山人是日本群岛的原住民，遭到征服者的驱赶后逃到了山上。但是从某种意义上说，山地民也是逃到山上去的人们。"赞米亚"的山地民也好，台湾的高山族也好，都是这样的。这些人都属于山地民。不同于平原地区的定居者，他们四处游动。然而，他们并不是山人。

因此，山地民和山人是很难区分的。其实真正成问题的是：归根到底，山人真的是实际存在的吗？可以说，山人似乎是类似于原游动民的存在，但正如之前所说，如今他们已经哪里都不存在了。不仅是在日本，世界上任何地方都没有山人了。然而，柳田认为他们是存在的，他甚至还想证实这一点。

我们无法从经验上确认山人的存在。据那些自称的目击者所言，山人看起来跟天狗、妖怪之类长得很像。然而，有意去寻找山人则是找不到的。所以一般认为那仅仅是幻想而已。但柳田觉得山人不是幻想，而是真实存在的。他觉得山人仍然存在于某地。他试图证明这一点，但理所当然地无法如愿。

为此，柳田遭到嘲笑，并在名义上撤回了自己的主张。然而实际上，他从未放弃过这个想法。日本的民俗学家们对山人的存在持否定态度。吉本隆明的《共同幻想论》也沿袭了这一主张。这么一来，山人好像就只是村民（定居者）的共同幻想罢了。然而，柳田一直坚持山人的实际存在。我认为这一点十分关键。

在我看来，柳田所执着的，或许正是原游动性。虽然遭到压抑，原游动性却执拗地留存下来。正如刚才说的那样，这就是拉康所说的"实在界"。实在界无法得到表征的，却是真实存在的。它顽固地存在着并试图回归。柳田所谓的山人也是一样的。山人无法表征，从经验上无法确证，但却是存在着的。柳田之所以坚持认为山人存在，就是因为这个缘故。

与此相关，柳田还有其他奇怪的行为。受到南方熊楠等人的严厉批判后，他不情不愿地收回了他的山人论，然而从1930年左右起，他又开始主张日本存在着狼的说法。因为他声称狼存在于南纪州和吉野地区，有越来越多的人开始热衷于在该地区搜索狼的踪迹。

有一种观点认为，柳田这样说是在暗讽住在附近的熊楠。无论那是否属实，我认为可以把"狼"看成"山人"的代理。柳田自己或许没有意识到这一点。在我看来，处在无意识，也即"实在界"中的原游动民，是以狼的形式出现的。他的狼存在说遭到批判，并且他撤回该理论后，他又开始主张新的说法，从这一说法中，也能看出上述观点。这一回，柳田开始谈论祖灵。

柳田的祖灵论始于《日本的节日》（日本の祭），一直持续到第二次世界大战末期的《先祖的故事》（先祖の話）。柳田所谓的本土信仰，指的是日本的定居农耕民信仰形成之前的宗教形式。他的关心之所在，可以说便是原游动民的时期。换句话说，他并没有放弃"山人"说，而是换了一种形式继续这项探索。与其说这是他出于意志的行为，倒不如说是一种反复强迫的症候。因此可以认为，柳田的祖灵论，是遭到压抑的原游动民性的执拗回归。

四十年前，我曾在杂志上连载过关于柳田的论文，但此后我就没怎么思考过他的问题了。之前提到，我重新思考柳田的契机，是在中国的一次演讲中想起山地民的问题。但在这之前，其实还有另一个契机，那便是东日本大地震造成的大规模死难。我因此重读了《先祖的故事》。事实上，在阪神大地震之后，我也曾重读这本书。柳田在战争末期，预计到会有大量的战死者，他在这样的状态中写下《先祖的故事》，而我也是因为目睹大量死伤，起了重读柳田著作的念头。地震与战争一样，都是重复性的，并且也都是强迫性的。但是在这里，重要的是另一种重复强迫性的问题，那也就是原游动性之回归的问题。

3

再说一遍，重要之处在于，山人和山民（山地民）之间乍一看似乎很相似，其实存在差异。从另一个角度看，这也就是原游动民和定居后的游动民之间的区别。后者有很多不同的类型，包括游牧民、行游艺人、商人等。如今，游动民的范围包括了从被称为游牧民（nomad）的商人（jet-setter）直到流浪汉的广泛群体。然而，他们却与原游动民有所不同。而重要的正是这种差异。

到目前为止的内容都属于是前言。可能有点太长了，但为了思考我们今天的主题山姥，这些讨论是必要的。进入正题，我首先想说的是，我认为山姥也是山人。有男性的山人，自然也有女性的山人，若非如此，他们不可能存续下去。山人肯定是有男性和女性之分的。柳田在有些地方也会把山人称为山男。而与之相对山女便是山姥了。当一个平原居民遭遇山男的时候，会把那当成天狗，而如果他遇见了山女便会觉得那是山姥。另外，山男既有老也有少，山姥也不一定就是老妇人，也会有年轻的山姥。只不过，那是"已经超越了丑陋之底线的异形女性"。山男也同样如此，因此被认为具有天狗那样的容貌。

不过，柳田虽然写了很多有关山男的事情，却对山姥着墨不多。有一处，他关注到了山姥具有的双重面貌。"近世的山姥一方面可怖至极，所行之淫威当以鬼女名之，一方面又时常在乡里出现，接受祭祀并赐予幸福，在当地留下种种和平的回忆。"（《山中人生》[山の人生]）

然而这样一来，山姥似乎更类似山地民而非山人。换句话说，山姥对平原居民怀抱爱恨交织的矛盾态度，而这有可能是由于她来自平原，对平原人有着矛盾的感情。在这点上，山姥看起来似乎是山地民。然而我不得不指出，山姥归根结底还是山人。这一点我是读了水田女士的论文想到的。

水田女士在村落和荒野之间、村落女性和荒野女性之间做了区分。"村庄毋宁说是无法脱离荒野而独立存在的，对于村庄而言，荒野是支撑其生活得以顺利运转的外围区域。"比如说，妓院或红灯区也是一种"荒野"。荒野是村庄的外围地区。荒野的女性在村庄的外围地带，并不时地侵入村庄内部。她们有时从村庄进入荒野，有时又从荒野进入村庄。换句话说，既有村落女性转变为荒野女性，也有相反的情况发生。

另一方面，山姥则是山地的女性。换句话说，她不仅不同于村落女性，也与荒野女性不同。乍看之下，山姥-山地女性似乎类似于荒野女性。山姥也是离开村庄住进山里的。但不同之处在于她与村庄的关系。阐明这种差异的是水田女士，她尝试在与荒野女性的对比之中发现山姥的独特性。在她看来，西方的女巫也属于某种荒野女性。我认为，山姥与荒野女性之间的对比，正类似于山人和山地民之间的对比。也就是说，山姥具有山人的特征，而荒野女性和女巫则是山地民性质的存在。

例如，荒野女性对平原社会爱恨交织。西方的女巫从性别不平等的现实社会中出走，成为试图对抗和扭转这一状况的人。也就是说，荒野女性和女巫一样有一种自相矛盾的情感，在否定平原社会的同时，又对它怀有眷恋之情。然而山姥就并非如此。山姥是男性化的，或者不如说，她是超越性别的。山姥没有性别的差异。正因为如此，山姥才被看成是男女莫辨的奇怪妖魔。

刚才提及柳田国男对山姥两面性的关注时，我曾自问，这样的两面性是否类似于荒野女性的特质，也就是对村落有矛盾情感？然而细想之后我发现，情况并非如此。山姥以及山人其实对村庄并不感兴趣。这不是说他们对村民表现得十分冷漠或是残忍。冷淡、残忍这样的态度，只有对村落还怀有依恋之情时才会产生。相反，山人根本就对平原的世界不报任何憧憬，因而便谈不上有什么怨恨或是敌意了。对平原居民而言，山人起初看起来是类似于"鬼"的存在。然而，一旦当他们意识到情况并非如此，就会觉得山姥十分温柔。山姥的那种两面性，不过是平原居民单方面的感觉罢了。

水田女士有关山姥的认识，基于马场晓子（馬場あき子）的《鬼的研究》。马场将"鬼"定义为从平原社会中脱离出来的反叛者所采取的那种姿态。这种形象无论是男性或女性，都在古代的传说中常有出现。中世能乐里的般若面具，便是这种化鬼之女性的面具。它显示了山地民或是荒野女性的矛盾情感。

马场晓子对般若展开了史学研究，并在最后述及山姥的问题。然而，这项考察并非基于史料或是民俗学调查的结果，而是完全基于世阿弥的能剧《山姥》进行的。在这部剧中，山姥虽然自称为鬼，却显示出与般若完全不同的特性。山姥对村落毫无矛盾的感情，她根本感觉不到有任何与村落进行交流的必要。与山姥所具有的世界观完全不同，"般若尽浴凡尘，却又企图从中脱逃重生，故而满心悲愤。山姥则在她的漫长岁月中，将那些对于生活而言无甚必要的东西一个接一个，尽数从她的理念中抛弃了"（马场晓子）。

马场女士的看法，与其说是基于有关山姥的民间传说，倒不如说是从世阿弥的那种简练的文学性的领悟，或者说是一种佛教式的理解出发而得到的。其实她还写了这样的话："能剧《山姥》的中心思想便是《般若心经》，也就是将一切事物看作存在本身，这样一种老庄式的东方精神。"（马场，第284页）。铃木大拙也曾就《山姥》评论道，与其可怖的外表相反，山姥其实体现了人与自然之间的深邃的爱（铃木大拙《续禅与日本文化》）。

然而，如果把山姥看作山人，那就不能认为山姥超越平原社会的冲突乃至性别不平等的看法，是从《般若心经》式的解释中产生的。山姥－山人能够超越性别区分是一件理所当然的事情。因此，这并非一种佛教式的认识，而是相反，是佛教这面想要实现山姥－山人的境界。

山姥－山人，或者说是原游动性，其实存在于拉康所说的"实在界"里，无法被感觉所直接把握。出于这种缘故，人们一直用天狗和鬼之类的形象来描述它们。那么为什么相比之下，《般若心经》似乎对山人有着更好的理解？这是因为在某种意义上，佛教所追求的境界，便是希望恢复"山人"的状态。在我看来，普世宗教属于交换样式 D，它与交换样式 A 相同，但却是在更高的维度上对原游动性（实在界）的恢复。正是由于这个原因，其境界与山姥显得十分接近。

根据水田女士的说法，荒野女性或女巫一直是现代文学中的主流形象。与此相对，水田女士发现一些作品中的"山姥"形象"在小说的主人公身上体现出来，成为对现代女性内心的表现，以及对新生活方式的探索"。这在大庭美奈子和津岛佑子等人的作品中有所体现。

"山姥并非只是活在民间故事和传说中的往昔存在，她是一个被讲述者、记录者重述和改写而形成的新形象。借助时代和文学的想象力，山姥被塑造成了全新的形象，通过将其写入文本并不断重塑，山姥得以在故事中存续至今，并以一种全新的女性生活方式哲学之承担者的形象焕然新生。

综上所言，可以说，原游动性是文学及文学批评一直以来所追求的东西。之所以如此,是因为原游动性不容许经验性的探究。我个人的看法是,我们或许可能通过前面提到的"抽象力"(思维实验)的方法来接近这个问题。我想,从今往后,这会具有愈发重要的意义。

移动与批评——跨越性批判

1

今天，我想回顾一下自己过去的工作。因为此次讲座是为配合杂志《现代思想》"柄谷行人的思想"特刊（2015年1月临时增刊号）而策划的。这期特刊尤其关注我从《跨越性批判》到目前为止的工作。因此，我自己也对过去的工作进行了一番反思。

本来，我是不回顾自己的工作的，我也不会重新去读。比如说，去年辞世的作家大西巨人曾经这样写到过我，令我诚感惶恐。

讲谈社1985年出版的柄谷行人《内省与溯行》一书的后记中，有一段雄赳赳气昂昂的断言："当然，我不会想要回顾过去。换句话说，对于自己过去的工作，我不想去强行赋予私人的意义。"我以个人的方式来解释这番断言，且深有同感、深表同意。为了不落入与这种"同感、同意"相矛盾的陷阱，这种对"回顾自己作品"的"篇幅限制",于我而言或许是颇为有益的。(《回顾自己的作品》[1990年],《大西巨人文选4》,1996年,みすず书房,第296—297页)

他提到的是《内省与溯行》(讲谈社学术文库)的"后记",文末标注的写作日期是1985年3月。对此需要作一补充说明:《语言、数与货币》这篇论文是系统性的作品,然而我在写作最后一章时遭遇了挫折。之后我便放弃了它,开始另一项工作(《探究》)。但我决定把之前在杂志上发表的那些内容按原样出版。这便是事情的原委。在后来我写道:"因此,我想把《内省与溯行》以及《语言、数与货币》这两篇未完成的文章,原封不动地交到读者手中。"

这并非大西先生所说的"雄赳赳气昂昂的断言",只是很难为情的断言罢了。为什么大西先生会那样觉得呢?想一想就会发现,大西先生是会回顾自己过去工作的那种人,而且是极端喜欢回顾。例如,他著有《神圣喜剧》这部小说。该作品自1960年左右开始在杂志上连载,到1978年前后由KAPPA NOVELS出版,不久之后又出版了精装修订版。此后,该书又多次由不同的出版社重新发行,每次都有大量的补充和修正。也许大西先生一直在修改该书,直到他生命最后的日子。

或许由于大西先生是这样一种性格的人,所以在他看来,我决绝果断的态度显得十分"雄赳赳气昂昂"吧。然而我之所以不回顾自己往昔的工作,其实并没有什么高尚的理由,单纯只是因为我讨厌它罢了。加之如果不是讨厌自己以往的工作,我便无法展开新的工作。虽说实际上后来的工作跟以前也并没有那么大的区别，但若不是讨厌旧作便无法向前。当下的工作便是全部——感觉在过去的四十年间，我始终是以这种状态一路走来的。

不过虽然这么说，我有时也会回顾自己的工作，那就是在别人强迫我这么做的时候。比如这次的情况便是如此。此外，之前我去台湾演讲时，其中一次是在台湾大学进行的，以"柄谷行人的思想"为题的研讨会。为此，我不得不对自己迄今为止的工作做一番回顾。

当时我说到，自己过去曾从事文学评论的工作。在台湾，人们虽然知道我曾是一个文学评论家，但除了少数研究者，没有什么人读过我的文学评论。当然不止台湾是这样，日本的情况也类似。大约十年前，曾有年轻人如此对我说道："老师，您是不是也写过有关文学的东西？"对此我虽然感到有点惊讶，但也知道这是在所难免的。我曾经确实是文艺评论家，写了大量的文学评论，也出版了很多书，然而进入1980年代以后，我便不再从事狭义上的文学领域的工作，最多也只是担任文学奖项的评委会成员而已。之后到1990年代末，我终止了所有这类工作。所以我想，有人不知道我曾做过文学评论家，这是理所当然的事情。

不过在国外，除了台湾地区以外，知道我的人们一般都把我看作文学评论家。我的作品是从1990年代开始被翻译到国外的，而最初得到翻译的是我的文学评论的作品。《日本现代文学的起源》一书于1993年在美国出版，此后又出了德语版。

在亚洲，《日本现代文学的起源》的韩语版出版于1997年。随后在中国大陆，最早出现的书也还是《日本现代文学的起源》，时间大概是在2005年前后吧。就是说无论在哪里，最早得到引介的都是文学评论作品。因此，尽管此后出版了许多与文学无关的书籍，我依然继续被人们视为一个文学评论家。在《跨越性批判》之后，情况发生了不小的变化，但基本还是如此。我之后会讲到，《跨越性批判》从本质上说是一项文学评论性质的工作。

刚才我讲到，当别人强迫我去回顾自己的工作时，我是会这么做的。典型的例子，便是当我的书被翻译成外语，受托撰写序言的时候。这种情况下，不回顾一下是不行的了。《日本现代文学的起源》一书尤其如此，我为各国的版本各自撰写了序言。这并不是什么苦差事，因为每次考虑不同国家的读者群时，便会有新的想法涌现。那些都是在我写作这本书的1970年代中期没有的想法。如此一来，写作序言的过程便相当于是在撰写全新的论文。所以，现在由岩波书店出版的"定本"版本，把所有的序言全部收录进来。

像这样，在国外看来，我至今还是一个文学评论家。在韩国和中国尤其是这样。先说在韩国，有一位名叫曹泳日的年轻评论家。他虽说是主攻韩国文学的，却翻译了我的好几本书。据他说，自从我的《日本现代文学的起源》一书出版以来，韩国的文学研究发生了巨大的变化。之前的研究局限于作家论、作品论和文学主题论，而我的书出了之后，文学研究开始思考起一般意义上的现代文学，尤其是韩国的现代文学之起源的问题来了。

　　但这是一个复杂的问题。因为韩国的现代文学是在日本统治下开始的。考虑这个问题时需要的视角，与我考察日本时采取过的不同。比如在2004年前后，我曾在《早稻田文学》上发表了题为《现代文学的终结》的演讲。这篇演讲立即在韩国得到翻译，并引起了相当大的反响。围绕这篇演讲，韩国的文坛和学术讨论中发生了论争，评价者褒贬不一，或者不如说反对的声音更为强势。然而，我并未预料到会有这样的反应，因为在《现代文学的终结》中，我虽然也谈到了韩国文学的终结，却同时也认为不会发展到像日本那样极端的地步。

　　此外，"现代文学的终结"在日本似乎并未引发太多的关注。最多只是有几个人觉得我抛弃了他们而感到愤怒。事实上在《日本现代文学的起源》中讨论"起源"的问题时，我已经有了关于其"终结"的想法了，所以即便谈论"现代文学的终结"，也不是什么意外的事。比如，如果看看《现代文学的终结》（INSCRIPT，2005年）一书的后记，会发现是这样写的："过去我们不得不说：'现代文学'并非什么自明-自然之物，而是一种历史性的制度；如今，'现代文学'只是历史性的了，也就是说，它已经是过去之物了。而我自己也已经离开了文学的现场。"

　　这篇论文之所以在韩国成为话题，有韩国的特殊情况的缘故。顺带一提，这篇论文虽还没有英语版，却已经被译成法语了，现在可以在网上读到。这一点我认为也与法国的文学现状不无关系，我们后面再谈。总之在韩国，据说围绕这篇论文的论争持续了好几年。关于这个论争，可以参考曹泳日先生早前出版的一本题为《柄谷行人与韩国文学》的书。另外，在那之后，他还出版了题为《世界文学的结构》的书。这本书已被译为日文，即将出版。要是去读这两本书，应该就能对当代韩国的文化状况有一个很好的把握吧。虽然如此，其实我自己直到最近为止，还都完全不知道有过这么一些情况。

其实在四五年前，我在看韩剧《姐姐》的时候，曾有感到十分奇特的地方。该剧有一个场景，拍的是宋允儿扮演的"姐姐"的恋人、一位韩语文学研究者在电视上解说文学。他说："最近在韩国，很多人在讨论说文学已经终结了，对此我是反对的。只要人类还有感情，文学便不会结束。"

在看这部剧时，我的第一个想法，是惊讶于韩国的流行电视剧居然会讨论这样的话题。我第二个想到的是，这难不成就是围绕我的论文发生论争的时期？这部剧确实是在2005年前后播出的。我于是向曹泳日求证，他虽然不知道这部剧，但认为大概是那样没错。

此外，我最近还注意到一件事。去年出版了韩国的文学评论《斗争的诗学》（藤原书房）一书，在该书的日文版序言中，作者金明仁写道，他写这本书时还是一个文学评论家，而现在已经不是了，他在2005年停止了批评活动。为什么是2005年？我认为这也与围绕"现代文学的终结"发生的论争有关。因为该书的第三章中，有一些内容让我这么想："虽然至今仍有许多作家和诗人尚未堕落，但今日的现实是，这些尚未堕落的作家和诗人的容身之所正在逐渐消失。如果把这一现状称为

'文学之死'或许并不为过。或者更准确地说，这便是我们如今所了解的'现代文学之死'吧。"（渡边直纪译）

总之我认为可以说，"现代文学"在韩国也已经终结了。一方面在中国，我的著作的接受情况则完全不同。《日本现代文学的起源》的译本虽然出版得比较晚，但很快就成为"中文系"的必读书目了。这是有其原因的。2006年前后我曾到北京演讲，当时我意识到了一些过去从未想过的事情。

《日本现代文学的起源》（1980年）主要讨论了明治二〇年代，特别是中日甲午战争之后的日本文学。在这本书中，我尤其以作家国木田独步为中心进行了论述。独步年轻时便因在甲午战争中担任从军记者而成名。但战争结束后他却无事可做，陷入一种茫然若失的状态。他于是前往北海道。在那里，他发现了"风景"。我在书中写道：日本的现代文学，便是从这时开始的。

我选择了国木田独步的短篇小说《难忘的人们》来进行分析。之所以说"难忘"，并不是因为他们如此重要以致难以忘怀，或者是重要得不能忘记。相反，这些人或事其实根本无关紧要，即便忘了也无所谓，然而尽管如此，却怎么也忘不了它们。独步的作品中存在这样一种反讽。"风景"便是在这样的价值颠倒之中得到发现的。此前，风景只是用来指那些名胜古迹一类的地方。

为什么会出现这类拥有自我意识的人物？这与甲午战争的关系很大。但在写作《日本现代文学的起源》的时候，我并没有考虑这个问题。当时我所关注的，是此前自由民权运动的挫败，从中诞生了北村透谷、二叶亭四迷这样的现代文学。然而在甲午战争之后，人们愈加丧失了目标，把自己封闭在内心世界中。国木田独步这样的类型便诞生了。

此外，国木田独步的例子，也显示了日本现代文学与殖民主义之间的关联。国木田去的北海道是日本的第一个殖民地。曾经的北海道除了南端之外，仅有阿伊努人定居，而到了明治维新之后，日本人殖民了北海道各地。明治日本在甲午战争后先后殖民了中国台湾与朝鲜。此外，琉球被纳入日本领土，同样也是甲午战争的结果。而这一切殖民主义政策的开端，便是对北海道的殖民。

当然，国木田并非帝国主义者，他只是一位敏感、内向、写作讽刺内容的作家罢了。然而，他的内在性是通过对政治现实的否定产生的。从根本上说，日本的现代文学便是建立在这种内在性的基础之上。即便到了今天，国木田独步这样的作家依然存在。那便是村上春树。

然而我在大约八年前《日本现代文学的起源》中文版出版之际赴华演讲时发现，这一过程恰好与"中国现代文学的起源"相互重叠。甲午战争后，日本利用战争赔款来推动重工业化。同时日本还占领了中国台湾，并加强了对朝鲜半岛的介入。与此同时，战败的清朝很快就向日本派遣了大量留学生。这本意是为了强固清廷，效果却适得其反，这些留学生们成了推翻清朝、建立现代国家的运动的核心力量。

重要的是，中国现代文学和思想的基础就在那个时期奠定了。包括"言文一致"在内，日本现代文学中的众多事物，都为当时留日的学生们所吸纳。在那以前也有众多人留学西方，但他们并未受到根本性的影响。然而那些留学日本的人们则受到日本，或者更应该说，是受到日本人接受近代西方的方式的影响。

其中的代表便是鲁迅。他本来是为了学医来到日本，却在中途转向文学。可以说，现代文学的内在性是建立在一种虚无感之上的。但虚无感的内容，在日本和中国却有所不同。在战胜一方的日本，正如国木田独步的情况里所显示的那样，那是一种丧失目标的虚无感，因而被封闭在内在性之中；而战败方的中国，虚无感与对现实进行变革的目标联系在一起。在当前的中国，晚清文学和哲学正在受到重视。我的书就是在这样一种语境之下得到阅读的。

在此我想再谈一下台湾地区的情况。中国台湾与韩国和中国大陆又有不同。台湾近年来翻译了很多我的书，但以哲学和理论著作为主，而不是文学批评。正如我刚才提到的，我两个月左右前去了台湾，就是为了庆祝《哲学的起源》的出版做讲座。

然而，《日本现代文学的起源》并未在台湾地区出版，这是为什么呢？当然一方面是因为有简体中文版可以读，但这不是唯一的原因。我想大概是这么回事。首先，台湾地区在甲午战争后被清朝割让给了日本。清末的知识分子向现代日本学习并形成民族主义的过程，在台湾地区不可能存在，因为日本帝国到来了。此外，当台湾地区人民后来开始思考"独立"，也即开始把自己的存在定义为"国民"（nation）时，他们诉诸的并不是文学。因此,"现代文学"对他们而言并没有特殊价值。然而,文学在台湾并没有终结。正如津岛佑子女士写过的那样,"原住民"文学和同性文学似乎正在台湾盛行。我说的不过是,那里不存在主动召唤民族主义的那种文学。

2

这样一来,即便我没想回顾,结果还是回顾了过去的工作。而且就算只回顾《日本现代文学的起源》这一本书,也能看出来各种东西来。然而我自己是不想再积极地思考有关文学的问题了,并且我今天也不想就此对各位说更多了。《日本现代文学的起源》一书,是在现代文学尚有特殊意义的时候写的,用意在于对其展开批判(拣选)。因而时至今日,再谈论它已经没有意义了。其实我觉得近些年来,文学已经不再是有什么特殊意义的东西了。比如在日本的大学里,文学部正在渐次消失。文学的地位下降是一个不争的事实。今天人们只会因为一个作家的作品畅销而尊敬他,卖不动的作家根本没人搭理。这种评价无关文学,而是基于资本主义市场经济规律的评价。

过去,情况是很不一样的。文学的读者即便很少也没有关系。就算现在没人读,总有一天会有人读的。而且,文学将会永存——那时搞文学的人们怀有这样的信仰。前面提到的大西巨人便是一个很好的例子。他巨细无遗地修订自己的作品,并持续这项工作,至死方休。另一个例子则是埴谷雄高,他的代表作叫《死灵》。与大西不同,埴谷并不改写自己的作品。相反,他从1930年代开始写作《死灵》,一直写到1980年代才告完结,其间始终维持着同样的文体。然而,两人的态度其实有着共通之处。他们的作品虽然基于极其有限的时空设定而写就,但却对其追根究底,尝试达到一种普遍性的东西。此外,他们对同时代人关于自己的看法毫不关心。相反,他们考虑的是百代以后人们的评价。

从这个意义上说,他们对文学的态度其实类似于一种宗教信仰。我倒不是觉得这样便好,但无论如何,这种信仰直到1990年都还存在。不仅我刚才提到的两人如此,所有从事文学创作的人都是这么相信的。即使是通俗小说作家也是信仰"纯文学"的。然而在今天,这种信仰已经荡然无存了,取而代之的是资本主义市场的经济规律。在这样的状况里,我失去了继续从事文学批评的兴致。

话虽如此,我也无意去重建对文学的信仰。我有一位在东大教英语文学的年轻朋友,曾跟我说过一则轶事。他说他的学生既不读小说,也不知道应该如何去读。因此,他让学生们先读《哈利·波特》,然后再循序渐进地将他们引向文学。我听了之后,深深地为自己已经辞去了大学的工作而庆幸。

然而,我自己以前也有类似经历。当我1970年代前往美国,发现我的大多数学生都是在高中或大学的课堂上阅读的文学作品。我对此深感意外。因为在我看来,文学根本就不是可以在学校里学的东西。所以我当时觉得美国人根本不懂文学。但仔细想想就知道,即便是美国,过去的情况应该也有所不同。在那个时候，经典作品另当别论，学校是不会教授那些当代文学的，但它们还是获得了广泛的阅读。然而如今却成了一个没人读文学作品的时代了。这就是为什么学校会让学生去阅读文学作品。另外，大学还成立了创意写作学科。在这个意义上，日本人只不过是在有些迟滞地重复美国已经发生的事情罢了。

但是，我之所以离开文学批评领域，并不只是因为文学衰落了的缘故。打一开始，我从事的就不是狭义上的文学批评。文学批评是要去评价文学作品，但我决定做文学批评却并非为了这个。在文学批评中，你可以讨论那些不属于文学性质的东西。哲学、宗教研究、经济学、历史学，这些都可以成为文学批评的对象。无论什么内容，只要是书写下来的文本，文学批评都是可以谈论的。如果一个人专攻哲学、经济学或历史学，他便无法从事其他工作。但如果是从事文学批评，这些便都可以做了。我是个贪心的人，所以选择了文学批评。

因此，虽然说我不干文学批评了，但我并不是做起了什么跟过去完全不同的事情。换句话说，我没有从文学转向哲学或是理论。一直以来，我都在进行这一类工作。因此当我说自己不再搞文学的时候，我不是在说自己与狭义上的文学不再有关系了。我说自己不搞"文学"，毋宁说是将"文学"运用到哲学和理论工作的领域上去了。

等 20 世纪末尾写完《跨越性批判——康德与马克思》之后，这一点在我自己看来就非常清楚了。这本书在某种意义上说是文学批评作品，其标题中的critique[1]便是批评的意思。它是指阅读康德和马克思的文本，并从中汲取全新的意涵。在这个意义上说，这同样是我一直以来在从事的批评，也就是文学批评的工作。

但另一方面，我在这本书中提出了不同于以往的自身立场。这在书名的transcritique中也有所体现。这个词在英语词典中没法查到，是我自己造的。这里的"trans"一词的意思有"先验的"（transcendental）和"横向的"（transversal）。前者其实来自康德，是一种垂直式的方法。而我所强调的是后者那种横向的意思。这个意思也可以用"移动"（shift、displacement）来表达。在这一点上，中文翻译很有趣，把它译成了"跨越性批判"。我不会中文的发音，所以我就把它读成"跨ぎ越え性批判"，不过我猜，"跨ぎ"大概是"横向的"那种意思吧。虽说我自己脑海中浮现的其实更接近一个十字架的形象。

我在这本书中指出，康德和马克思的批判性是从"移动"中获得的。我并非到这一时期才想到这点。我在1970年代写的《马克思，其可能性的中心》里，便已经提及这个问题。比如人们常说，马克思的理论是德国哲学、法国政治理论和英国经济学的综合体。但是，马克思的理论并非什么可以运用到任何领域的东西。他的理论是一种批判，那是他在不同的话语空间之间"移动"，从德国"移动"到法国，再"移动"到英国的过程中所找到的东西。而且他的移动不是出于自身意志，而

---

[1] 书名中的"跨越性批判"在原题中即transcritique。

是在当时政治局势之下的被迫流亡。

到1990年代末，我发现我自己正在进行同类型的移动。当然，我也不是自愿移动的。随着苏联解体和冷战体系的终结，我渐渐发现自己正在被迁移到一个与以往不同的位置。正是在这一时期，我完成了《跨越性批判》。这本书虽然如前所述，是对康德和马克思文本的解读，但事实上在书的最后，我写了一些断然无法从康德或马克思那里得出的内容。那便是"交换样式"的理论。也就是说，我主张不是像马克思那样从生产方式出发，而是从交换样式的角度出发，去考察社会构成体的历史。这一认识在《跨越性批判》中还不是很明显，到了十年后写下的《世界史的构造》一书中则变得清晰起来。

不过，这其实是我在写《跨越性批判》的时候产生的想法。而且很明显，在抵达这一想法的过程中，有我的"移动"的作用。这不仅仅是理论上的移动。事实上在开始写作这本书之后不久，我便开始了NAM（新联合主义运动）的实践。所以我那时的态度相比此前有了根本性的变化。我说自己不干文学了，其实是这个意思。为什么当时我会如此行事呢？在讲这个之前，我想谈一谈文学批评究竟何为的问题。

3

之前我讲到，文学曾经具有一种特殊的意义，但那如今已经荡然无存。为什么会变成这样呢？这个问题会转变为一个相反的问题，也就是说：文学为什么会有意义？它又是在何时，以何种形式具有特别的意义的？我们首先需要弄明白的是这个。

这样的变化可以说发生在 18 世纪下半叶的欧洲。在哲学中，更不用说在宗教中，传统上感性（感觉和情感）是遭到人们否定的。然而在近代哲学中，随着工商业的发展和自然科学的兴起，出现了一种重视感觉的态度。而此前，基于感官的知识一直被认为是虚假的。进一步到 18 世纪，更是出现了重视情感的态度。在此之前，情感也被人们视作负面的东西。

比方说，前面提到的韩剧中的人物说："只要人有情感，文学就不会结束。"然而，情感无论是在韩国还是其他地方，都并非一直受重视的东西。那是到现代才出现的情况，且正是现代市场经济的渗透带来了这样一种态度。

以英国为例，随着 18 世纪下半叶的工业革命，一种看待事物的新方法出现了。亚当·斯密所说的同情 sympathy 便是其例子。斯密在经济问题上一方面提倡自由竞争（laissez-faire），但他同时也担心这会导致阶级不平等。这与今天的新自由主义者是很不同的。虽然如今斯密被视为经济学家，但他其实始终也是一位伦理学家。他倡导一种以"同情"为核心的全新的伦理。这与宗教里说的怜悯或者慈悲看起来类似，实则不同。斯密所说的同情，指的是站在他人立场思考的"想象力"，这毋宁说是对利己主义的肯定，也是现代市场经济成立的前提。因此，同情是在前现代的共同体遭到瓦解、利己主义渗透之后出现的事物。它与过去那种宗教式的同情和怜悯是不同的。

我们可以认为，同情是一种全新的情感。在同情中，感情有了与以往不同的价值。例如在18世纪的英国文学中，感伤主义（sentimentalism）一词作为一种新的态度，被人们以正面的意义使用了。比如说，劳伦斯·斯特恩就有《多情客游记》这样的作品。它并不是伤心之旅的意思。如果问哪部作品是日本版的《多情客游记》，那应该要数夏目漱石的《草枕》了吧。

　　像这样，重视情感、强调想象力的态度变得重要起来。文学是根植于情感和想象力的，于是对文学的重视也便随之产生。也就是说，文学开始取代宗教和哲学而获得重视。与此同时，民族主义也开始兴起。这是因为，民族便是一种基于这样的同情（想象力）而重新形成的共同体，也就是"想象的共同体"。以德国为例，在19世纪下半叶普鲁士统一全国之前，德国人分为许多小国，也分为许多相互之间争斗不止的宗教派系。这期间，能够让他们作为一个民族统一起来的只有文学。在这个意义上，可以说德意志民族不是别的，就是德国文学。

　　然而，这种变化并不一定仅仅发生在欧洲。比如日本，大约与斯密同时，也就是说18世纪下半叶，名为本居宣长的学者也同样颠覆了以往占优势地位的思考方式。在德川幕府时期，提倡知性和道德的朱子学占据优势地位，但宣长却以情感为基础，对其展开了批判。宣长指出，朱子学的知性和道德是一种人为形成的观念，而未能植根于自然的感情。与之相对，宣长重视那种通过文学唤醒的"物哀"感情。

　　不过宣长并不觉得那是一种单纯的情感，而认为那当中存在着"知识",这种知识在哲学或宗教之中是无法找到的。像《源氏物语》这样的著作曾因为缺乏道德性而遭到儒教的批评;然而宣长却进一步认为,正是在《源氏物语》中才存在真正的道德性。此外我们可以认为,宣长说的"物哀"便是斯密称为"同情"的东西。在过去的封建制度下,人们不但被划分为士农工商这些不同身份,也被各个藩划分开来;而物哀则通过"同情",使这些人结合在一起,形成了全新的共同体。这便是日本的民族主义。

这一想法的出现与欧洲无关,但也并非日本的独特产物。这一情况是伴随18世纪下半叶的社会情势出现的,当时,随着商人阶级逐渐变得强势,感性因素获得了人们的肯定。宣长这种批评后来成了"国学"。换言之,日本的民族主义是从那里诞生的。在这个意义上,民族主义是植根于文学或者说文学批评的。

感觉、情感还有文学像这样受重视,在现代社会中是理所当然的。然而,真正对这一问题进行理论思考的,在我看来除了康德之外别无他人。他试图弄清的是,文学艺术与哲学性的知识、宗教性的道德之间,究竟存在何种关联。然而,康德的目的并不仅仅在于定位文学与艺术,他想要明确的,是我们的知识之可能性以及它的边界。

在康德看来,没有感性的理性是空洞的。形而上学便是那样的东西。另一方面,没有理性的感性则是盲目的。换句话说,仅仅具有感觉和情感还不构成知识。因此,康德试图找出能够联结理性和感性的东西。那便是想象力(构想力)。在那之前，人们把想象力看作对不在场之物的回忆，或是对不存在之物的空想。与感觉和情感一样，想象力也一直是遭人轻视的。这与文学一直在知性上被视为低下之物是一致的。然而通过康德的定位，想象力，也即文学艺术，自此便获得了至关重要的地位。因为人们现在开始认为，想象力能够做到感性与理性，或者说是物理学（physics）与形而上学（metaphysics）所无法实现之事。

在此之前，教会一直以不道德为由攻击文学。因此18世纪的西方曾留下众多"为诗辩护"和"为文学辩护"的文章，其内容都是维护文学并反对宗教方面的谴责。自康德之后，文学便摆脱了这样的谴责。因为文学被赋予了高尚的存在理由。

但即便文学得以免于宗教的谴责，它也没有获得自由。相反，文学现在不得不背上沉重的负担。因为在某种意义上说，想象力继承了理性的地位。英国诗人柯勒律治基于康德的思想，对想象力imagination和幻想fancy进行了区分。两者通常会被混为一谈，然而康德所说的想象力并非单纯的幻想，而必须是能够联结理性和感性的某种东西。

具体而言，放到文学领域来说的话，想象力与幻想的区别就与现代文学和故事（物语）的区别类似。故事是古来便有的。不仅如此，故事基于人们的幻想。幻想虽然看起来自由不羁，其实却有固定结构。这只要去读一读故事便可以明白了。自古以来，同样结构的故事反复出现。比如说贵种流离谭便是如此。在这类故事中，某人本应继承某个高贵的地位（贵种），却因为一些原因而未能如愿（流离），在经历了种种磨难后终于获得了他的地位。因此，幻想绝不是无拘无束的，事实恰恰相反。

现代小说一方面基于故事而成立，一方面也是对故事的批判。例如，《堂吉诃德》既是对骑士故事的继承，同时也是对后者的批判。一旦这种批判性消失，小说便回归到了故事状态，那便是被称为通俗小说的东西。在那之中只有结构，结构之外是零。那就真成了《永远的0》一类的东西。

现代文学在感性和理性之间架起了桥梁，这一点还可以从另一个角度来加以说明。比如，我们可以把作为个别的自我视为感性，把一般性的自我视为理性。在文学以外的领域，个别的自我会在抽象作用中遭到舍弃。因为理性之物必须是能够超越个人情感的。然而，现代文学正是从对个别自我的肯定开始的。当然它并未止步于此。现代文学同时也必须使其成为普遍之物。比如说在书写自己特殊体验的时候，如果那不是一种为所有人所共通之物，就也并不是文学。

因此，如果认为在文学中感性比理性更受重视，那便错了。只有在与理性产生联系的情况之下，感性才受到重视。自古以来，文学便以故事和诗歌这样的形式存在着。"只要人类还有感情"，文学便一直存在。然而那在宗教和哲学看来是等而下之的东西。它之所以能在现代得到重视，是因为它与普遍的真理或道德性建立了联系。也是从那时起，人们才开始把文学看成是永恒的。

文学之所以显得永恒，是因为文学承载着理性。而且，也只有当文学承载着理性时才会显得永恒。比如以前人们会对

"纯文学"与"通俗文学"进行区分。这种区分对应于"想象力和幻想力"之间的区别。"通俗文学"与故事有同样的结构。与之相对,"纯文学"虽然以故事、幻想为基础,但同时又对这样的故事和幻想展开批判。这便是想象力,而纯文学也只存在于那里。然而在今天,这种区分已不再有效。为了思考这个问题,我们有必要重新思考文学、想象力与理性之间的关系。

在康德看来,想象力只存在于理性和感性的关系中。从这个角度来看,现代文学必须承担起过去由宗教承担的东西。也就是说,它必须承担起道德任务。然而在康德之后出现的浪漫派,却把想象力或文学的优越地位看成理所当然之事。对此,出现了来自感性方面的批判。这便是现实主义文学。然而两者中的无论哪一方都缺乏"理性",也即缺乏道德性的环节。

另外正如前面提到的那样,民族主义是从浪漫主义中产生的。换句话说,文学成了民族这一"想象的共同体"的成立基础。当然,康德并不赞成这样的事。他把民族主义称为一种"错觉"。自然,康德不赞成会导向民族主义的那种文学。这是因为康德并非站在某个民族(polis),而是站在"世界城邦"的立场上。在文学领域里,倡导"世界文学"的歌德,或许是康德那种态度的继承者吧。

我们刚才讲到,现代文学背负了源于宗教的道德任务。文学确实从宗教中解放了,却并没有摆脱这项任务,而是不得不以另一种形式来承担它。它是以社会主义这一任务的形式出现的。也就是说,"政治"取代了宗教,成为制约文学的东西。

对于文学而言,"政治"是一项重负。诚然,一旦使自己从属于政治，文学便不再是艺术。然而一旦舍弃政治，文学便会沦为纯粹的娱乐。我后面会提到，实际上在1990年后就出现了这样的情形，文学从所有重担下解放出来。但随之而来的便是"文学"的终结。当然，它仍然作为一种消遣存在着，而且还很繁荣兴旺。然而，作为理性和感性之中介物的想象力却已荡然无存了。

正是在这一时期，我开始逐步退出文学批评领域。当然这并不是说我停止了狭义上的文学批评。如刚才所说，我在更早之前便已离开文学界，随后开始从事哲学性的工作。因此当我考虑不再做文学时，我实际上是在考虑不再继续做以前那种类型的哲学，而并非文学。对此我想做一些说明。

4

我在1960年代初期选择走上文学批评的道路。我当时觉得如果做了文学批评，那就无论什么都可以做了。我之所以会这么想，原因之一是受到批评家吉本隆明的影响。不仅如此，战后的日本存在一种对文学批评不同寻常的信任。这是因为哲学和社会科学在战前和战时曾经丑态毕露到了致命的地步。到战后，只有文学批评还得以残存下来。文学并没有舍弃感性的个人维度，且又能够同时捕捉到超越个人的社会结构等维度。换句话说，文学批评使我们得以在把握这个世界的同时，不至于舍弃了自身的存在。要站在战前和战时的经验上思考问题，文学批评是不可或缺的。

从战前开始，文学批评在日本便作为一种与哲学和社会科学相抗衡的知识形式存在了。对此，我们应该留意以下几点。如同在小林秀雄那里，虽然名义上是文学批评，本质上却是法国哲学。在法国，哲学和文学之间并不存在明确的界限。这就是为什么在法国之外，研究法国哲学的地方不是大学的哲学系，而是法国文学系。至少日本是这样的情况，战前战后都是如此。战后的美国也是这样，哲学系以做分析哲学为主，或者就是做德国哲学。

德国哲学以前无论在哪里都是哲学的主流，然而却在第二次世界大战之后走向衰落。但在某种意义上，德国哲学为法国所继承。萨特便是一例。他从德国引入黑格尔、胡塞尔、海德格尔，再后来又引入马克思。然而与此同时，萨特又是一位典型的法国哲学家。也就是说，他撰写了众多小说和戏剧，且直到晚年仍从事文学批评，写下了《福楼拜论》等作品。在法国，一个哲学家做这样的事情是毫无违和感的。比如说卢梭，他到底是一个哲学家，还是一个作家，这样的问题是不会有人问的。因此，我选择了做文学批评而不是哲学，这也可以说是我选择了法国哲学那种形态的哲学。

战后的日本，哲学和社会科学在知识分子中丧失了地位，而与法国哲学相联系的文学批评则幸存下来。此外，以萨特为代表的法国哲学成为主流，取代了德国哲学和京都学派的哲学。这也是与文学批评互为表里的。即便在社会科学领域，像丸山真男这样的政治学者，其实也在做着与文学批评很接近的工作。到了他的学生辈藤田省三、桥川文三等人，实际上都可以说是文学批评家了。

然而，法国哲学在"二战"后世界的重要性，其实与法国在战后冷战体系中独特的政治地位有关。

美苏二元对立的格局在第二次世界大战以后延续了下来。通常，人们会将之视为资本主义与社会主义之间的对立。然而应该指出的是，随着时间的推移，人们对苏联社会主义的幻灭感愈发强烈。大家想要拒绝资本主义的美国，然而在社会主义的苏联那里也不存在什么希望。因此，人们自然便会去思考是否存在除此之外的"第三条道路"。当然，那在现实中并不存在。然而对这一可能性展开探索的，却正是"想象力"，也正是"文学"。当然，这不同于狭义的文学。它意味着需要一种能够借以探索第三条道路的"想象力"，无论那是政治的或是哲学的。

首先，在政治层面上，冷战期间为人们所追求的"第三条道路"中的一种，便是所谓的"第三世界运动"，它的内涵正如其字面意义所示。如今，"第三世界"一词已经变成落后国家或地区的意思了，但在确立之初时，它是作为抗衡第一世界（美国阵营）和第二世界（苏联阵营）的计划而诞生的。因此在1990年以后，伴随第二世界的瓦解，第三世界也便自然而然地消解了。

然而，其实还存在另一个"第三条道路"的例子：法国。在戴高乐总统的领导下，法国试图确立一种既不依赖美国也不仰仗苏联的第三方势力。可以说，那便是"欧洲"了。与"第三世界"相同，这一计划也随着1990年后第二世界的消失而失去了意义，或者不如说是被以德国为中心的欧盟所吸收。然而可以说，戴高乐规划下的法国，其意图与其说在政治维度，倒不如说是一项寻求美苏之外的"第三条道路"的思想计划，可以说，这一计划在战后的法国哲学中得到了实现。这就是为什么这个时期的法国哲学具有特殊的意义。

其代表人物，便是刚才提到过的萨特。萨特的早期作品就是关于想象力的理论。萨特把想象力看成这样一种能力，它能将现实中存在的东西虚无化（néantisation），并使意志朝向不存在于此处之物。此时的萨特虽然并未提及康德，但他所做的其实正是重新恢复"想象力"的意义。而且这不仅是一个哲学问题。因为萨特也在政治上寻求一种既非资本主义（美国），又非社会主义（苏联）的"第三条道路"。

在这方面，日本的情况也大致相同。黑田宽一主张的"反帝反斯大林"，字面上就是这个意思；而吉本隆明说的"自立"，其含义也与之类似。所谓自立，便是指自立于两大势力之外。在法国，人们是在国家层面寻求这种自立。萨特虽然没有直接参与其中，却在哲学上追求这一目标。可以说，在他之后的哲学家们也是在探索同样的课题。

当然，这些后来者批判萨特，并拒绝了他提倡的想象力概念。但是比如说，当德里达主张解构形而上学之二元对立，想要提示出不属于二元之中任何一方的某种东西时，他正是在试图发现"第三条道路"。德里达所批判的形而上学之二元对立，与其说属于自古存在的形而上学，倒不如说是冷战时代政治上的二元对立，也即美国和苏联之间的对立。此外，德里达的哲学是以对文本的阅读和理解为核心的。从传统哲学的角度来看，那其实是与文学批评无比类似的东西。

最近日本刚出版了一本德里达的传记。因为是本很厚的书，我只挑了一些章节阅读，然后便从中读到一些令人意外的内容。书中提到，虽然德里达年纪轻轻便被视为前途远大的哲学家了，然而他实际想从事的却是文学。换言之，德里达并非逐渐向文学接近，而是一早便倾心于文学。以前我以为，我自己是从文学走向哲学，而德里达则是从哲学走向文学，我们之间的关键性区别在于此。但是现在看来，似乎我们从根本上说就是相似的类型。

德里达主张的是对二元对立的解构（deconstruction），而对于另一位哲学家德勒兹，刚才讲到的那些也一样成立。也就是说，德勒兹同样是在"想象力"中寻求既非苏联又非美国的"第三条道路"。因此，他也从哲学走向了文学艺术。但我现在谈论这些，并不是为了赞颂这些法国哲学家有多伟大。我想要说的是1990年这个时间节点迎来了一个转折点。

1990年苏联阵营解体后，冷战时代的二元对立局面宣告结束。在第二世界消失后，全球化资本主义，也即新自由主义，成了主宰性的力量。在我看来，法国的现代思想无力抵御这样的状况，倒不如说，那反而是对新自由主义颇有帮助的东西。诚然，据我所知，德里达和德勒兹都极其敏锐地应对了这一变化。比如说，两人都开始公开表明自己是马克思主义者了。然而这样的变化却被后现代主义的汹涌大潮所打消，根本乏人问津。德勒兹不久后便自杀了。

一旦第二条道路消失，第三条道路便也无法成立了。在这一点上，新左翼也是如此。人们通常说，苏联的解体对旧左翼而言是一个沉重的打击。然而我却不这么想。相反，真正受到打击的是"新左翼"才对。此前，只要批判批判旧左翼，新左翼就能心安理得，觉得自己在做事。因此，旧左翼的瓦解对新左翼来说是一种危机。然而，几乎没有人注意到这样的危机。同样没有得到人们注意的是，此前一直在寻找"第三条道路"的哲学和文学批评，到这一时期，已经丧失了存在基础。

尼采曾说，"上帝死了"。然而对尼采而言，虽然宗教已死，但取而代之的艺术却还活着。此外尼采还认为，即便像康德、黑格尔的那种哲学已经死了，但像《查拉图斯特拉如是说》这样的诗（文学）将会永存。事实上，这就是一部旨在与《圣经新约》抗衡的作品。然而如果确实是这样的话，那么上帝并没有死，只不过现在艺术变成了上帝罢了。此后无论是海德格尔也好，德勒兹也罢，都举出艺术来与宗教、哲学相抗衡。那么，当文学和艺术死亡之时，又会发生什么？20世纪的末尾，我遭逢的便是这个问题。

我从1990年代开始写作《跨越性批判》，尝试从根本上重读康德和马克思。然而到1990年代末，我感觉到了这种批评的局限性。刚才我说到我的《跨越性批判》类似于文学批评，但写到最后变得不同起来。所谓文学批评，其实就是在文本中寻找"第三条道路"。然而到了这个阶段，我已经放弃了这样的做法。此外，我引入了关于交换样式的想法，这是无论从康德还是从马克思那里都无法得到的内容。再来，我还从那里走向了社会运动的实践。

这便是一种"移动"。不过，我并不是主动追求这种移动的。当有所意识的时候，我已然置身于冷战时期不曾有的状况之中了。是状况本身发生了移动。所以我力图不拘泥于旧日的观念，而是在这一状况中重新展开思考。这就是我所谓的跨越性批判了。

对于过去的这些思想，也包括我自己的思想，我并不认为它们是错误或虚假的。说到底，根本就不存在总是正确且放诸四海而皆准的真理。冷战时期的文本对那个时代而言是具有批判性的。然而在 1990 年代以后便失去了效力。当然在未来的某个时候，他们的文本可能会以不同的方式得到重新阅读。然而，今天这么说还为时过早。

自《跨越性批判》完成以来的十多年里，我一直在尝试发展该书提出的"交换样式"的问题。结果便是《世界史的构造》还有《哲学的起源》和《帝国的结构》。今后，我也将继续这项工作。同时，我也在考虑对自己以往的工作进行一些回顾。

我在开头时说，除了受到外在因素的驱使，我是不去回顾过去的。然而，我也有过积极回顾过去的时候。那是在 2003 年前后编纂五卷本《定本柄谷行人集》（岩波书店）的时候。在当时我彻底地改写了过往的作品，做成了"定本"。可能部分也因为当时正在戒烟，我没有做任何别的或是新的工作。当时我也重读了许多文学作品。

事实上，现在我正考虑重新检视自己过去的工作，比如说，我想整理我的文艺评论，也整理一下哲学性著作。此外，虽然在《内省与溯行》一书的后记中，我说自己不做回顾，但我其实正在考虑完成三十年前那篇未尽的《语言、数与货币》，虽然有可能会再度失败，再次放弃它。

关于思想地震

迄今为止，我已经出版过两本演讲集《语词与悲剧》(1989年)和《"战前"的思考》(1994年)，分别收录了我从1984至1988年，以及从1990至1993年的演讲。从另一个角度来看，前者出版于昭和末期，战后的世界体制即将终结，后者则是在海湾战争和日本参战的局面正要显露开来的时候出版的。我在此处说的"战前"，指的不是第二次世界大战之前，而是说我们已经处于下一场战争的前夕了。

此后我就没再出版过演讲集。虽然从那以后我也做过很多演讲，但它们大都集结成为《伦理21》(2000年)和《日本精神分析》(2002年)这样的著作了。所以我没有机会将它们作为讲演集出版。但这并不是唯一的原因。我也曾整理过后来的演讲，想把它们集结成第三册演讲集，却发现很少有适合收录的内容。这是因为自1995年以来，我的思考及风格发生了显著的变化。

一言以蔽之，我现在不再是文学性、批评性的了，而变得更为哲学化、理论化。这是因为身处被称作"历史的终结"的时期里，我尝试从根本上重新思考问题。此外，中上健次的辞世（1992年）也对我造成了很大的影响。一直以来，都是中上勉强维持着我与文学之间的联系，而如今这个存在消失了。早在《现代文学的终结》（2003年）这篇演讲的很久之前，现代文学对我来说就已经结束了。中上去世后，我在文艺杂志《群像》上重启了论文《探究》的连载，开始讨论康德。到世纪末，它成了《跨越性批判》这本著作。

从那时起，我演讲的主要内容变成对自己理论的解说。也就是说，它们基本上只是以好懂的方式讲述自己在书中所写的内容，没有必要把它们作为演讲集出版了。以前我在做演讲时只会准备一些备忘，有时连备忘也不用。开头提到的那两本演讲集中收录的便是这样的内容，虽说在出版时，文章已经做过大幅修改。现在的我想必没法那样做演讲了，但在过去却是很平常的事。如同即兴演奏一般，有时会出现一些因缘际会之下的新发现，出乎自己的意料。

我之所以会开始准备演讲草稿，或许与1990年代之后开始定期在美国授课有关吧。美国的学者们普遍会在演讲中阅读草稿，讲座的即兴成分更多是在问答环节中出现的。这些学者会基于数次演讲中得到的反馈来对论文进行修改润色，最后出版。当用英语作演讲时，我也会朗读精心准备好的草稿。然而，在大学的常规授课里，我一般只是用日语准备草稿，然后当场适当地译成英文讲出来。这么做的过程中，逐渐连在日本演讲也会准备草稿了。这样一来，我失去了往日的演讲乐趣。

本书收录的演讲，都是我自己读过后觉得好的作品。当检视这些挑出来的内容时，我发现其实有一个主题贯穿始终。这一主题在题为《地震与康德》的演讲中得到了表达。

1995 年发生的两件事情使我大受震动。它们分别是阪神大地震和几乎同时发生的奥姆真理教事件。几个月后，我在首尔的一个国际建筑师大会上做了有关"地震与康德"的演讲。在某种意义上，这场地震让我摆脱了直到那时占据主导地位的后现代主义话语。在那时，解构（deconstruction）正在大行其道，然而在公然的破坏（destruction）面前，解构只不过是知性的儿戏罢了。我的《跨越性批判》这项工作便是从这里发端的。

此后，这场地震所造成的种种问题看似消失，却在 16 年后以意料之外的方式回归了。这就是东日本大地震。毫无疑问，这场地震改变了日本社会。比方现在抗议游行变得常见起来。我在 2008 年做过题为《日本人为什么不游行》的演讲。然而，由于地震的影响，日本变成一个"人们会去游行示威"的社会了。不仅如此，我还在 2014 年的台湾"太阳花革命"中发现了这一影响的余波。另一方面，海啸造成的大量伤亡，推动我去重读了柳田国男的《先祖的故事》，那是我在阪神大地震之后也曾重读过的书，之后我便写下了《游动论》。其他的几篇讲座也都各自以某些方式与地震有关。因此我决定基于这样的意思，把这本书命名为"思想地震"。

在本书出版过程中，增田健史先生和田所健太郎先生给予了我莫大的帮助，在此我想向他们表示感谢。

2016 年 5 月 27 日

首次出版信息一览表

（以下分别标明演讲时间／演讲地点／首次出版的相关信息）

地震与康德

1995年6月／首尔／*Anywise*, MIT Press, 1996.（日译《Anywise——围绕知识的各种问题而展开的建筑与哲学之对话》[NTT出版，1999年]，原题为《建筑与地震》）

作为他者的物

2000年6月／纽约／*Anything*, MIT Press, 2001.（日译《Anything——关于建筑与物质／物的问题种种》[NTT出版，2007年]）

现代文学的终结

2003年10月／近畿大学国际人文科学研究所附属大阪专院／《早稻田文学》2004年5月号、《现代文学的终结》（INSCRIPT，2005年）

日本精神分析再思考

2008年12月／日本拉康协会／《I.R.S.》第9、10号，2012年

重新思考城市规划和乌托邦主义

2009 年 5 月 / 开塞利（土耳其）埃尔吉耶斯大学 /《现代思想》2015 年 1 月临时增刊号，原题为 "Rethinking city planning and utopianism," in *The Political Unconscious of Architecture*, Ashgate, England, 2011

日本人为什么不游行

2008 年 11、12 月 / 早稻田大学、京都造型艺术大学

秋幸或幸德秋水

2012 年 8 月 / 和歌山县新宫市，"健次学园"（熊野大学主办）/《文学界》2012 年 10 月号

帝国的边缘与亚边缘

2014 年 5 月 / 釜山大学 /《at plus》第 21 号，2014 年，原题为《东亚世界的结构（韩国·釜山篇）——帝国的边缘与亚边缘》

"哲学的起源"与"太阳花革命"

2014 年 11 月 / 台北

山人与山姥

2014 年 12 月 / 城西大学

移动与批评 —— 跨越性批判

2015年1月/新宿，纪伊国屋礼堂/《现代思想》2015年3月号

译后记

本书收录了思想家柄谷行人自 20 世纪末以来的一系列讲座文稿。作为当代东亚少数具有广泛国际影响力的知识分子之一，柄谷行人的著作在中文世界里已经获得了为数可观的介绍、翻译和研究；这一时期的时代脉络，以及作者身处其中的思想历程，也已在书中最后一篇演讲稿《移动与批评——跨越性批判》以及《关于思想地震》里有了详细的自述。综上种种看来，或许译后记实属蛇足，但为了在书末获取一小块可用于致谢的位置，译者不得不设法作出一篇有其存在价值的文字来。

正如《关于思想地震》一文所述，本书收录的这些演讲稿内容大多是对作者自己理论著作的解说，而较少有另起炉灶的新主题，或是临场阐发的新思想。因此，如果读者对柄谷行人晚近的思想已经很熟悉了，那么本书或许会显得颇为浅显；然而换个角度来看，对于那些希望入门柄谷思想 ABC，却苦于没有时间精力阅读那一排大部头的读者而言，这本演讲集则能够成为非常合适的导论。相对于维持了必要之艰涩的那些理论作品而言，这些晓畅通达的讲稿排除知识储备上的障碍，能帮助我们更顺利地进入柄谷的思考语境。而如果读者希望深入了解柄谷在某问题上的论述，则可在掩卷后进一步阅读该部分对应的相关著作。译者希望为此提供一些便利。因此，我将在下文逐一列举本书收录的各篇演讲稿与柄谷主要著作之间的对应关系，并概述其主旨和当前意义。此处所列作品以已有（简体或繁体）中文翻译的著作为主。

《地震与康德》《作为他者的物》——《跨越性批判》《伦理21》

起首两篇讲座的核心内容，无疑可以视为《跨越性批判》一书的主旨提要。作为公认的新世纪以来柄谷思想的定调著作，该书的出版标志着柄谷正式走出后现代主义窠臼，开始了一种朝向未来的哲学、社会和历史理论的建设性思考。在1989年出版的《探究II》中，柄谷还在践行一种解构性批判，他当时对马克思主义的解读，或许最好地体现在他反复引用的这一段话中："共产主义对我们来说不是应当确立的状况，不是现实应当与之相适应的理想。我们所称为共产主义的是那种消灭现存状况的现实的运动。这个运动的条件是由现有的前提产生的。"（《德意志意识形态》）换句话说，当时的柄谷不追求确立某种具有潜在可能性的未来目标，而是尝试根据当下社会实践的实际需要而灵机应变地重构文本，以此展开对现状的批判。而在1995年的《地震与康德》中，柄谷已然开始了批判性的重建，并把其探索对象的马克思和康德确立为进行"发现和缝补裂痕的决死尝试"的现代思想家。这一探索的成果凝结为《跨越性批判》。在该书中，柄谷不但聚焦于康德和马克思思想中的"移动"（基于空间、视角转变而产生的视差式的批判），还反复在康德（伦理）与马克思（经济）之间来回移动，展开一种综合了先验论（transcendental）和横跨各领域（transversal）的理论批判。另外，关于本演讲中涉及的伦理学问题，可以参考《伦理21》中的论述。

如果《地震与康德》可称为"建设宣言"，那么《作为他者的物》则是"反抗宣言"，也是"日本后现代之左转向"中的一个关键文本。此文明确地申明了《跨越性批判》等理论著作的实践方面，在于站在后冷战时代的现状中，寻求替代现存资本-民族-国家体系的可能性。[1]

不过这里需要立即澄清的是，柄谷并非在试图重新确立一种支配性理念。作为日本新左翼传统的一员，批判那种将"共产主义"之实现视为历史必然的、目的论式的理念，毋宁说是柄谷的理论及实践活动的出发点。然而在苏联解体后，不但那种自上而下的变革理念土崩瓦解，人们甚至开始对任何值得追求的理念怀抱反讽的态度。右翼和左翼在这一点上桴鼓相应，展开了名为"历史终结"或者"宏大叙事之终焉"的齐声合唱。[2] 面对这一情况，柄谷强调了康德哲学中"建构性理念"和"整合性理念"的区别，指出不同于把理性用于未来目标建构的前者，后者仅仅作为可能性而存在，因而不过是一种"假象"；然而如果没有这种假象，我们便无法前行。整合性理念因而并非作为

---

[1] 对于这一思想转变的过程，柄谷曾在许多地方提及。如可参见2018年的讲座《资本之"力"与跨越资本之"力"》（黄边站HBSTATION公众号，2019年10月24日、26日）。

[2] 关于这一时代背景较为详细的介绍，也可参考《911思想考古丨柄谷行人：这并非预言》一文的译者导读（《澎湃新闻·思想市场》2021年9月16日）

压迫观念存在，而是在展开对抗现存的资本主义世界体系的运动时不可或缺的前提条件，一种可能性的契机。而对这一理念的考察，便导向了《跨越性批判》最初提及，并在后来的各著作中逐渐获得深入讨论的核心概念"交换样式 D"。

《现代文学的终结》——《日本现代文学的起源》《历史与反复》

这是本书中篇幅最长，或许也是最具分量的篇目之一。在发表之初，柄谷对现代文学开具的这份"死亡报告"曾经一石激起千层浪，在日本乃至韩国的文艺评论界均造成巨大反响，并引发了有关文学之去留存亡的广泛讨论。在中文世界，柄谷往往是以文学评论家的身份为人们所知的；然而这一关于"文学之死"的著名论题却鲜少有人提及。在其发表近二十年后，这篇讲稿终于被译为中文。

本讲稿内容并非对此前著作的解说，而是在讲座过后，连同围绕该主题的座谈会文稿被整理成书（『近代文学の終わり —— 柄谷行人の現在』，INSCRIPT，2005 年）。不过，为了深入理解柄谷在本文中对"现代""文学"及其"终结"的定位，我们可以回顾他在《日本现代文学的起源》中的讨论。另外，本文中围绕现代文学确立过程的历史性、结构性考察，有不少沿袭了《历史与反复》一书中的分析。

时至今日，柄谷所指出的诸多情况确乎已成为我们司空见惯的景象。随着符号生产体系日益商品化、细分化，那种肩负社会整体的道德责任，能够成为"处于不断革命中的社会的主体性（主观性）"（萨特）的"现代文学"，在今日已难寻踪迹。说白了，那样的现代文学早已为民族国家和消费市场所抛弃。而柄谷在现代文学（小说）的终点上回首其确立过程，是为了指出文学已经完成它被赋予的历史使命，因而即便寿终正寝了，也不值得哀叹什么。因为"终结"的是承载一切、推动变革的文学，而并非变革志向本身。相反，变革的希望正蕴藏于点滴的生活实践之中，这也正是柄谷离开文学，走向社会实践领域的原因。

《日本精神分析再思考》——《民族与美学》、《日本精神分析》（尚无中译）

这篇演讲的主要内容脱胎于1992年的连载评论《日本精神分析》，分五期发表在思想刊物《批评空间》上。正如本文中作者的自述，这一项考察的目的，是延续丸山真男、竹内好等战后思想家所进行的对日本文化结构的批判性考察。但是这些连载评论并未集结成著作出版。到1997年，柄谷在《再论日本精神分析》一文中回顾了这项研究，此文经过改写收录进《民族与美学》一书。

《日本精神分析再思考》便是作者对上述这些1990年代初期工作的回顾，因此，它也成为新世纪以来柄谷为数不多的有关日本社会、文化的发言。通过将世界体系论式的"中心-周边"视角纳入对文化现象的思考之中，柄谷尝试从日语的比较地缘政治学特征入手，对被称作"日本式的东西"展开批判性的再探讨，而又不至于陷入"日本人论"那样的本质主义。

在此前的2002年，柄谷还出版了一本名字相仿但内容不尽相同的演讲集《日本精神分析》。该书内容虽说也与本讲座的问题不无关系，却是出于很不同的考察宗旨。《日本精神分析》一书中收录的各篇讲座均发表于《跨越性批判》出版之后。此时，柄谷已经确立了基于交换样式论的分析构架，并着手展开对"民族"与"国家"之成立基础的深入的考察。与之前阶段对日本文化结构特点的考察不同，此时的柄谷更加关注的是如何超越思维中的本民族中心主义，基于日本的特殊经验来思考普遍意义上的"民族""国家"建构问题。换句话说，《日本精神分析》中虽然讨论的大都是明治日本的情况，其目的却是旨在从该事例中探索"资本－民族－国家"三位一体结构的普遍确立过程，并探索别样可能性的契机所在。

《重新思考城市规划和乌托邦主义》——《作为隐喻的建筑》

如果阅读中译版《作为隐喻的建筑》便会发现，柄谷为其写作的序言，内容相当于本篇演讲稿的一个底本。然而，《作为隐喻的建筑》一书的接受史可谓一波三折。该书单行本发行于1983年，收录了1980年代初期以来，作者身处日本后现代主义思潮的风口浪尖，围绕形式主义及其悖论的问题所展开的理论思考。然而这么一本哲学和知识批评著作，却旋即被纳入建筑设计领域而得到阅读，给相关从业人员造成了很大困扰。

值得注意的是这本著作在柄谷个人思想史中的定位问题。翻开1983年出版的单行本，会明显感受到那个时代不受体系观念束缚，强调即时性、"施行性"的批判风格，纳入的文章随意奔放、不拘一格；1989年的文库版中，虽然已删掉了六篇私人随笔性质的短文，却依然保留了后现代主义时期柄谷的思想和文体。然而2004年岩波书店所出版的《定本 柄谷行人集（2）作为隐喻的建筑》一书，却是与1980年代的同名著作大相径庭的作品。定本版在内容上可说是对1983年《作为隐喻的建筑》与1985年《内省与溯行》两书的集成。然而经过作者的重新编排以及逐字逐句的改写，定本版内容正如同其腰封文字，是"此前未有，从今往后才开始存在于世的一部作品"。也就是说，改写过后的岩波定本版《作为隐喻的建筑》已然站到了《跨越性批判》同样的思想立场上，甚至在很多地方超越了后者而有了全新的展开。

从《重新思考城市规划和乌托邦主义》中，我们也可以看到此时柄谷的思考早已超越了后现代主义的射程，而开始揭示一种取代自上而下式规划主义的、别样的乌托邦主义的可能性。因此译者想要在此提醒，基于岩波定本版翻译的中文版《作为隐喻的建筑》，绝不能作为反映1980年代柄谷思想的作品来阅读。那是已然从那个位置经历多次"移动"之后的结果。而将《思想地震》中收录的这篇晚近讲座内容视为该书导言，或许正是恰如其分的。

《日本人为何不游行》——《柄谷行人谈政治》

发表于2008年的本篇演讲，是《日本精神分析再思考》之外另一篇主要针对日本社会和政治结构的考察。在讨论日本为何缺乏公共参与的问题时，柄谷参考了丸山真男、久野收等人的主张，从历史性、结构性因素出发探究其原因。从本篇中可以发现，在脱离后现代主义之后，柄谷的政治立场上开始向力求在日本确立市民公共参与的战后知识人的观点靠拢。然而需要注意的是，柄谷在引用丸山，重申战后思想之意义时，并非旨在确立一种基于原子化、均质化个体的国民共同体。曾有研究指出，以《个体析出过程的种种模式》一文为标志，丸山真男关于近代的理念发生了明显的变化。不同于前期那种雅各宾主义式的近代国家观，丸山在此后更多地开始重视教会、行会等中间团体在形塑近代主体过程中的积极作用。[1]而柄谷在这篇演讲稿中所重新发现的，正是这一后期丸山所具有的当下意义。包括新联合主义运动（NAM）在内，从柄谷自身的政治实践中，我们同样可以看到对串联个体来形成对抗性力量的中间团体的重视。我们可以在这里发现一条日本战后思想传承的隐秘线索。

在本讲座发表一年后，柄谷曾在一次长篇采访中，畅谈自身从安保运动的学生活动家出发直至今日的整个思想-实践历程，并基于这样的经验阐明自身对当前左翼实践的主张。柄谷认为，在对抗新自由主义的左翼实践中，有必要形成一系列的小规模联合体，并寻求形成相互之间的合作网络（联合之联合）。该访谈既是对本篇讲座中所述思考的扩展，也能帮助我们联系柄谷的人生经历来对其加以理解。这篇访谈后来收录在《柄谷行人 政治を語る》和《政治と思想 1960—2011》两本书

---

[1] 参见三宅芳夫『ファシズムと冷戦のはざまで：戦後思想の胎動と形成 1930-1960』。

中，中译则有《柄谷行人谈政治》可供参考。

《秋幸或幸德秋水》——《日本现代文学的起源》

在本篇讲稿中，柄谷从中上健次笔下的小说主人公秋幸与幸德秋水之间的渊源说起，提示了日本近现代文学与社会运动之间千丝万缕的联系，从而在作者的成名作《日本现代文学的起源》之外提示了一条文学史的新线索。当下看来愈发明显的是，《日本现代文学的起源》一书分明是一个批判后现代主义的先驱性文本。之所以这么说，是因为书中指认"日本现代文学"之"主流"，也即从坪内逍遥、国木田独步直到村上春树的谱系，事实上是一个将视角不断聚焦到无关紧要的"风景"之上的消极避世者的传统。他们虽然并未支持强权，并试图消解那种宏大叙事，然而到头来却只是瓦解了抵抗的能量，并从旁支持了强权的延续。如果这种"日本现代文学"是作者反讽性地提示的反题，那么本篇讲稿则铺展开了其正题，也即从明治二〇年代（19世纪末）帝国主义时期开始的近现代历史中，文学家与行动者们交错联结、难分彼此，不断向现实中的不公奋起抵抗的线索。

有必要补充的是，如果基于柄谷关于资本主义历史的一百二十年周期说来思考，下一个与明治二〇年代对应的时期，正是我们身处的当前时代。的确，小到旧区改造和生活世界的商品化，大到福利制度的退潮、社会达尔文主义的兴起，乃至国际关系从合作转向敌对、国家间的集团化与相互角力……文中所描述的那个年代的种种情状，在改头换面之后正一一再度粉墨登场。另一方面，在当下左翼的思想和实践中，无政府主义也正在经历着一轮引人瞩目的全球复兴。柄谷对这一历史的回顾，自然不仅仅是在翻陈年旧账，而是对当下所有思考着的行动者们构成了警示。警示的内容或许便是那句耳熟能详的话：那些无法从历史中吸取教训的人们注定要重蹈覆辙。

《帝国的边缘与亚边缘》——《帝国的结构》

这篇演讲可视为对《帝国的结构》一书的入门级解说。在考察韩国、日本等东亚社会前现代历史发展进程时，柄谷尝试纳入"世界-帝国"这个长时段史／世界体系论视角，以同"中心"的中华帝国之远近关系为着眼点，来思考决定不同社会的历史走向以及文化脉络的结构性因素。然而或许是受限于演讲主题，本篇演讲未能涉及该著作的核心问题关切。事实上，《帝国的结构》仍旧延续了从《跨越性批判》《世界史的构造》以来的实践志向。柄谷之所以将目光转向"帝国"，是为了从诞生于其中的普世宗教那里，发现能够扬弃当前全球资本主义体系的突破口（即超越资本-民族-国家连环的交换样式D），并借此重新想象可能的世界图景。因此如果希望充分把握这一意图，可以进一步阅读《帝国的结构》中的论述。

《"哲学的起源"与"太阳花革命"》——《哲学的起源》

本篇演讲要言不烦地概括了《哲学的起源》一书的主要内

容。在该书中，作者通过对前苏格拉底哲学之伦理层面的探索，揭示了伊奥尼亚社会中"无统治"（isonomia）理念的存在。在柄谷看来，与雅典城邦中那种压制自由的"民主主义"不同，在"无统治"状态下，正是（移动的）自由保障了平等（民主）的实现。从苏格拉底拒绝参加公民大会，而是在广场（agora）上参与公共讨论这一事例，作者引申出了有关哲学起源考察的当下意义，也即认为代议民主制必然需要议会之外的assembly（游行示威）作为其必要的补充，否则便只会沦为贵族统治的工具。然而关于"无统治"的历史成立，以及它如何是基于一种自由人之联合（交换样式D）而成立的政治-伦理体系，就有必要参考《哲学的起源》一书中的详细论述了。

《山人与山姥》——《游动论》（尚无中译）

从2014年出版的《游动论》中，可以看出柄谷晚近思考的方向性。这部作品聚焦于柳田国男笔下的山人（游动的狩猎采集者），指出山人与从平原移居而来的山地民之间的区别，以探求当下社会变革的主体可能性。不同于高度契合跨国资本运作模式的山地民，山人之中包含着超越现存资本与国家体制的契机。这是因为山人包含了"原游动性"原理，也即对恢复到自由和平等状态的强制——在定居革命之后，这是通过基于互酬原则的礼物交换而实现的。

然而事实上，自柳田写作《远野物语》的时代起，他笔下那些"山人"的真实性便一直饱受质疑。日本学界普遍认为"山人"从未真实存在过,而仅仅是柳田在东北地区民间故事基础上的想象。那么这是否意味着,原游动性仅仅是一场幻梦,变革主体本就是不可能的?

其实在柄谷那里,"山人"是否真正存在根本无关紧要。重要之处在于,围绕"山人"的传说和讨论,其本身是某种无意识驱力的浮现。也就是说,柳田所执着的并非山人的存在,而正是原游动性本身,且这或许并非柳田本人的主观意愿,他不由自主地便这么写了。柄谷借用后期弗洛伊德的说法,将那称为是原游动性作为"被压抑物的回归"。虽然无法在当前社会体系中找到自身位置,"原游动性"却会如同强迫症般执拗地经由无意识作用而浮现。正是在这里,柄谷发现了迈向变革的必然契机。从这个意义上说,《游动论》虽带有"变革主体论"的外观,却又构成这类讨论的反类型,因为它瓦解了对变革主体(工人、学生、知识分子、"诸众"……)的单纯指认,而将其归结于全体社会成员都可能具有的潜能。

除了这些个别篇目与著作间的对应关系之外,这里的讲座都或多或少触及《世界史的构造》一书的内容。该书以最具体系性的方式,展现了本演讲集所涉时期柄谷思想的基本框架。因而为理解这一时期的柄谷思想,该书在重要程度上或许超过了上述所有著作。

以上便是译者基于自身理解,对各篇演讲稿的内容提要及相关文本介绍。这当然不是解读这些作品及其关系的唯一方式。译者只是希望通过这样的梳理工作,为读者进一步阅读和理解柄谷思想提供一些帮助。

最后，感谢上海文艺出版社的肖海鸥老师、《上海书评》执行主编郑诗亮老师，是他们的热诚和周到才使得本书的出版成为可能。我也想感谢以下各位在百忙之中抽空审阅译稿的师友（排名不分先后）：黄诗琦、陈诗雨、言语、占黑、路平。柄谷堪称百科全书式的学者，此处讲座的主题也不一而足，涵盖了文史哲、社科乃至城市规划等领域，令译者的知识储备时常捉襟见肘，幸好还有这些朋友们提供的专业建议。此外若非他们的指点，一向粗枝大叶的译者也将无法发现草稿中的种种疏漏。

上海的定海桥互助社在去年经历拆迁搬到了线上；而在东京高圆寺，素人之乱的大笨蛋宿泊所也因新冠疫情而暂停了营业。然而与表面上的低潮相反，一张"自由人之联合"的网络业已在各地铺展开来。如果没有这些现实中存在着的替代性实践，译者对包括柄谷在内的社会理论的关注和探索也将会是无源之水。而反过来，这样的参与、思考，或许也正塑造了现在的这个我自己。借用本书中提示的丸山的框架来说，只有当身处这些自由而又团结着的人们之中时，我们才得以既不屈从集体权威（民主化），又不自闭于私人的小世界（私人化），更不至于成为随波逐流的盲众（原子化），而得以实现真正的"自立"。借此向各位长久以来给予我无数触动和启迪的大笨蛋们表达谢意，谢谢你们的存在。

吉琛佳

2022 年元月 1 日于京都一乘寺

图书在版编目（CIP）数据

思想地震：柄谷行人演讲集：1995-2015 /（日）柄谷行人著；吉琛佳译.
-- 上海：上海文艺出版社，2022
（艺文志.日本思想）
ISBN 978-7-5321-8182-7
Ⅰ.①思… Ⅱ.①柄… ②吉… Ⅲ.①柄谷行人－文集 Ⅳ.①C52
中国版本图书馆CIP数据核字(2021)第224367号

KARATANI KOJIN KOEN SHUSEI 1995-2015 SHISOTEKI JISHIN
Copyright © 2017 Kojin Karatani
Chinese translation rights in simplified characters arranged with CHIKUMASHOBO LTD.
through Japan UNI Agency, Inc., Tokyo
Simplified Chinese translation copyright © 2022 by Shanghai Literature & Art Publishing House
著作权合同登记图字：09-2021-0373

发 行 人：毕　胜
策划编辑：肖海鸥
责任编辑：余静双　肖海鸥
封面设计：彭振威设计事务所
内文制作：常　亭

书　　名：思想地震：柄谷行人演讲集：1995-2015
作　　者：[日]柄谷行人
译　　者：吉琛佳
出　　版：上海世纪出版集团　上海文艺出版社
地　　址：上海市闵行区号景路159弄A座2楼　201101
发　　行：上海文艺出版社发行中心
　　　　　上海市闵行区号景路159弄A座2楼206室　201101　www.ewen.co
印　　刷：苏州市越洋印刷有限公司
开　　本：889×1194　1/32
印　　张：7.875
插　　页：2
字　　数：162,000
印　　次：2022年4月第1版　2022年4月第1次印刷
I S B N：978-7-5321-8182-7/G.337
定　　价：58.00元
告 读 者：如发现本书有质量问题请与印刷厂质量科联系　T:0512-68180628